영문구조 암기노트

영문구조 암기노트

초판 1쇄 발행 2016년 12월 15일

지은이 임정태
펴낸이 장길수
펴낸곳 지식과감성#
출판등록 제2012-000081호

디자인 이현
편집 이다래
교정 김나라
마케팅 고은빛

주소 서울시 금천구 가산동 60-5 갑을그레이트밸리 B동 507호
전화 070-4651-3730~4
팩스 070-4325-7006
이메일 ksbookup@naver.com
홈페이지 www.knsbookup.com

ISBN 979-11-5961-371-5(13740)
값 15,000원

ⓒ임정태 2016 Printed in Korea

잘못된 책은 구입하신 곳에서 바꾸어 드립니다.
이 책의 전부 또는 일부 내용을 재사용하려면 사전에 저작권자와 펴낸곳의 동의를 받아야 합니다.

이 도서의 국립중앙도서관 출판예정도서목록(CIP)은 서지정보유통지원시스템
홈페이지(http://seoji.nl.go.kr)와 국가자료공동목록시스템(http://www.nl.go.kr/kolisnet)에서
이용하실 수 있습니다. (CIP제어번호 : CIP2016029767)

이 책의 목차

* 추천의 글 – 김우표 4
* 영문구조 암기노트를 내면서 – 저자 임정태 6
* 교재중에 사용하는 용어내지, 기본사항 10
* 영어 문장의 기본구조 이론 12

제1장 영문에서 가장 중요한 [동사......]의
구조에 대한 기초 암기사항 15
- 부정문과 의문문
- be동사가 사용되는 중요한 표현들
- (조동사~) ; (조동사 have ~ed)

제2장 수동형동사와 12시제의 사용법 21
- 수동형 동사의 개념과 실제적 사용방법
- 12시제의 모양
- 12시제의 실제적 의미와 사용방법

제3장 가정법 50
제4장 명사절 57
제5장 관계대명사로 유도되는 형용사절 63
제6장 부사절을 유도하는 접속사 69
제7장 준동사 관련 필수 암기사항 81
- to부정사
- 동명사(~ing형)관련 필수 암기사항 100
- 현재분사(~ing형)와 과거분사(~ed)의 용법 .. 104

제8장 영문에서 가장 중요한(동사...)에 대한 암기사항들 .. 110
제9장 (부정관사; 정관사)의 기본 사용법 121
부록1 불규칙동사의 3변화형 130
부록2 필수암기속담 136

추천의 글

어느 책의 추천의 글을 쓰려면, 그 책의 저자보다 학문적으로 더 이룬 것이 있다거나, 더 높은 위치에 있다거나 아니면 적어도 저자와 대등한 실력이 있어야 글을 쓸 자격이 있다고 할 것이다. 그래야 글의 신빙성이 있기 때문일 것이다.

그러한 면으로 볼 때 나는 사실상 추천의 글을 쓸 자격이 없다. 왜냐하면 이 책의 저자가 나보다 영어 실력이 탁월했던 것은 이미 동문수학한 고등학교에서 입증되었기 때문이다. 저자는 지방의 명문고등학교인 충북 청주고등학교에서 서울대학교 문과를 재수하지 않고 들어갈 정도의 실력을 갖추었을 뿐만 아니라, 대학을 졸업하고도 학원에 진출하여 영어강사의 길을 지금까지 걷고 있기 때문에 지방 대학을 졸업하고 금융기관에 취직을 하여 아예 영어에 손을 놓은 나하고는 영어라는 분야에서 비교대상이 되지 않기 때문이다.

그러함에도 불구하고 추천의 글을 쓰는 이유는 이 책의 학문적인 성과나 이론적인 가치를 알았다기보다 영문파악과 실질적인 시험 문제에 적용하는 실제적인 수험서로서의 가치를 직접 경험했기 때문이다.

나는 2010년에 서초구 잠원동 한신 아파트에 살고 있었고 늦게 둔 막내딸은 세화여고에 다니고 있었다. 1학년을 마칠 즈음에 국어와 수학은 1등급 수준임에도 불구하고 영어는 4등급 수준에 머무르고 있어 아내와 함께 걱정을 많이 하고 있었다.

우연한 이유로 그 당시 관악구에서 영어학원을 하고 있었던 고등학교 친구인 저자를 만나 막걸리를 마시면서 지나가듯 이런 고민을 털어놓은 적이 있었다. 그때 저자는 영어가 쉬운 길이 있음에도 어렵게 공부해서 그렇다고 하면서 영어 공식, 영어 구구단 같은 말을 꺼내면서 약간의 설명을 해주었다.

이 친구의 실력은 이미 알고 있었지만 그렇다고 내가 살고 있는 서초구와 강남구의 더 젊고 잘 나가는 영어 강사들보다 나은 점이 있을까 하는 생각과 더욱이 고1 후반의 중요한 시기에 서초구에서 관악구에 있는 학원까지 가는 시간의 낭비를 생각하면 선뜻 보내기가 주저되었다.

그러다가 고1 겨울방학이 되어 영어로 고민하는 막내딸과 아내에게 관악구에 있는 내 친구의 학원을 설명하면서 방학 동안만, 그리고 맞지 않으면 바로 다시 서초구에 있는 가까운 학원으로 돌아와도 좋다는 전제 조건 하에 가볼 것을 권유하게 되었다.

그 이후 우리 딸은 1학년 말 겨울 방학부터 3학년 1학기 말까지 2년 이상 동안 관악구에 있는 내 친구의 학원에 다녔다. 중간에 가끔 너무 멀면 가까운 곳에 가도 된다고 말하였음에도 불구하고 우리 딸은 굳이 친구의 학원에 다녔다. 그리고 4등급이었던 영어는 차츰차츰 오르더니 2학년 9월 모의고사부터 2등급에서도 상위권으로, 그리고 3학년 모의고사에서 1등급을 찍더니, 마지막 수능시험에서도 1등급을 맞았다.

이 책은 저자가 우리 딸은 물론 자신의 학원에 있는 학생들에게 가르쳐서 실제적으로 효과를 본 자료들로 엮어낸 실전적인 수험서임을 알기 때문에 이 책을 읽는 다른 모든 수험생들도 효과를 볼 것이라고 확신하고 자신 있게 추천의 글을 쓴다.

2016년 초판 서두에
저자의 친구 김우표

영문 실전 독해를 위한
영문구조 암기노트를 내면서,

본인은 75학번으로 서울대학교 사범대 인문계열에 입학하면서부터, 그 당시에 서울에서 학업과 숙식을 해결해야 하는 지방출신 대학생들 대부분처럼, 중, 고등학생에게 영어, 수학을 가르치는 과외를 하며, 학업을 이어 가고, 마칠 수가 있었다. 인문계열에서 전공을 선택할 당시에 서울대학교 사범대학 교육학과를 지망할 때까지만 해도, 그 당시의 문교부장관은 반드시 본인이 하면서, 우리나라의 교육을 위해 무엇인가를 해야 하는 것이 나의 책임이자 의무로 여겼으나, 돈을 벌며 공부도 한다는 것이 어렵다는 것을 깨닫고, 교육학을 전공하는 도중에, 부전공으로 영어교육과도 수료하고, 졸업하자마자, 교사발령을 뿌리치고, 일찌감치 단과학원의 영어강사로 사회에 공식적으로 발을 내딛게 되었다.

여러 가지 우여곡절을 겪었지만, 나의 장점은 강의뿐만 아니라 이런저런 일에 실패를 겪을 때마다, 내가 가진 단점을 고치는 것에 익숙한 것이라고 생각하며, 생활하고 있는 점이다. 그런 덕분에 나 자신이 연구하고, 학생들을 가르치면서, <u>내가 어려워하는 부분은 우리나라 사람들 모두가 애를 먹는 부분</u>이라고 결론을 내릴 수 있었고, '그런 부분만 요약해볼 수 없을까?' 하는 생각을 늘 하고는 있었지만, 감히 책으로 내 본다는 용기를 낼 수가 없었다. 그러다보니 어느덧 세월이 흘러, 내 생각에도 '<u>나중에 하지, 나중에 하지</u>'라는 여유를 가질 수 있는 세월이 많지 않을 거 같기에, 더 늦기 전에 책의 내용에 대해서는 독자들과 영어 학도들에게 질책을 받을지라도, 내가 깨달은 것을 세상에 밝혀서, '<u>영어공부에 애를 먹는 대한민국 국</u>

민, 특히나 학생들에게 조금이라도 도움이 될 수 있도록 해보자' 하는 용기를 내어 이러한 졸작을 내놓게 되었다는 것을 밝혀둔다.

내가 중학교 다닐 때에 영어로 무엇을 배웠는지 공부한 기억은 거의 나지 않고, 사실 서울대학교에서 영어를 전공한다고 공부를 했다지만, 무엇을 배웠는지 전혀 기억이 없는 것이 사실이다. 그런데, 고교시절에 배우던 영어책이나, 대학생 때부터 현재에 이르기까지, 시중에 나와 있는 영어지도를 위한 참고서들을 볼 때, 그 문법적인 용어들과 설명방식이 바뀐 것이 거의 없는 것을 영어공부 뿐만 아니라 영어 학습지도에 관심 있는 거의 모든 사람이 부인할 수는 없을 것이다.

요즘 우리나라 학생들은 초등학교 3학년 때부터, 아니 심지어 유치원 때부터 영어공부를 하고, 말하기 듣기를 강조하고, 원어민 선생님들이 사방에 깔려 있는 영어수업 왕국인 대한민국의 학생들이라면, 영어능력이 하늘을 찔러야 당연하거늘, 우매한 본인이 보기에는 우리나라의 학생들 영어실력이 예전보다 못 하지 않는가 하는 생각이 들 때가 많은 것이 사실이다. 물론 내가 가르치는 학생들이 기초가 부족한 학생들이고, 내가 못 나서 엄청나게 영어를 잘하는 고수를 만나지 못했기 때문에 그럴지도 모른다.

그러나, 나는 우리나라 학생들이 영어공부를 하느라 고생하는 것은 언어학자 기의 모두기 인정힐 게라 확신하듯이, 한글과 엉어의 가상 큰 차이섬인 무엇보다도 동사위치가 다른 것에 기인할 뿐이지, 우리나라 학생들 머리가 외국 학생들 보다 머리가 나빠서가 결코 아니라는 것을 오랜 기간 학생들을 지도하며 깨달은 것이다.

영문에서 동사에 딸린 말들을 함께 볼 수 있는 기본적인 능력을 익히고 나면, 논리적으로 복잡한 문장을 볼 때는, 우리말보다는 영문으로 보는 것이 쉽다는 것은 영어를 조금 아는 사람이면 어느 누구도 부인하기 힘들 것이다.

그렇다면 본인이 쉽다고 생각하는 이 영어를 우리나라의 영어공부를 하는 중고교학생들 뿐만 아니라, 각종 시험을 위해 영어공부를 해야만 하는 수많은 사람들에게 본인이 깨달은 몇 가지 간단한 이론들을 알려주어서, 영어공부 학도들이 영어공부에 매달려서 허비하는 엄청난 시간을 줄여주는 것도 보람 있는 일일 수 있다고 생각하여, 졸작을 내보고자 용기를 낸 것이다.

본인이 운영하는 학원에서 오랫동안 그 내용을 가르치며, 효과에 대해 나름대로 검증을 거친 것이라 자신하지만, 책으로 보는 것과 그 내용에 살을 붙여가며 강의를 해주는 것에는 큰 차이가 있을 수밖에 없기에 남들의 손가락질을 받지 않을 가 하는 우려가 큰 것이 사실이다.

본인이 주장하는 골자는 <u>영어라는 언어를 학문으로서 연구하는 학자들이 써야하는 문법용어는 최대한 줄여보고, 우리나라 사람들이 영어공부를 할 때 어려워하는 부분만을 수학공식 외우듯이 공식화해 보자는 것</u>이다. 그리하여, 영어 학도들이 이 책에 있는 기본 이론들을 사용할 수 있게 될 때, 여유로운 시간을 가지고 사전만 옆에 있다면, 어떤 영문이라도 혼자서 볼 수 있는 실력을 갖추는 데에 도움을 줄 수 있다고 감히 자신하는 것이다.

<u>본인이 강조하는 이론 중에는, 수십 년 동안, 수많은 학교와 학원에서 가르치고 있는 용어와 방법상에서 차이가 있는 것이 몇 가지가 있는데, 바로 그 부분들이 내가 자신 있어 하는 부분들이고, 그것을 알게 되면, 영어공부가 한결 수월해질 수 있기에 이 책을 보는 분들이 눈여겨봐 주길 간절히 바라는 것이다.</u>

관습화되어 있는 것을 고친다는 것이 너무나 힘들다는 것은 내가 수십 년간 직접 가르치며 느낀 바이기에, 상기한 말들을 더욱 조심스럽게 강조하는 것을 알아주었으면 하는 것이다.

40년이 넘는 짧지 않은 세월 동안 학생들을 가르치며, 깨달은 내용을 세상에 알리는 것도 영어를 직접 가르치는 강사로서나, 공부를 하는 데에 도움이 되는 책을 내는 저자로서의 첫 번째 역할은 하는 것이라 생각하여, 졸작을 세상에 내보낼 결심을 하게 된 만큼, 이 책을 보는 영어 학도들에게 많은 도움이 되고, 또한 강호의 영어고수들에게 질책을 받아 가며, 본인의 허점을 고칠 수 있는 기회가 되기를 바라는 것이다.

본문 중에는 예문이 있는 것도 있고, 예문 없이 암기사항만 있는 것들이 있다. 예문이 없는 것은 공식을 암기해 두면, 그와 관련된 예문들은 영문을 볼 때마다 시시때때로 사방에서 접할 수 있는 것들이기 때문에 책의 지면을 줄이기 위해 예문을 생략한 점을 이해 바란다.

겨울 방학 때가 아니면, 중·고등 수강생들이 여유롭게 영어를 이론적으로 배울 틈이 없기에 급한 대로 기본 암기 사항위주로 책 편집을 해봤고, 그 이론들을 써 먹을 수 있는 책들은 지천에 깔려 있겠지만, 본인이 강의하고, 우리 학원 선생님들이 강의 하시도록 편집해서 사용하고 있는 내용들을 workbook 의 형태로 하여 추가적으로 조만간 출간하려한다.

모든 학문 분야에서 관련된 용어들은 복잡한 내용을 단순화시켜 놓은 필수적인 암기사항이다. 그러나 어린아이들도 쉽게 사용하는 쉬운 영어를 공부하는 데에 너무 많은 문법용어는 오히려 공부를 방해할 수 있다는 것이 나의 지론이다. 그러한 용어들은 영어를 학문으로 연구하는 영어 학자님들께서나 사용하실 일이다.

다시 한 번 강조하자면, 본문의 영어로 된 부분은 어느 곳에나 있는 내용이 전부일 것이다. 예문과 숙어들도 중요하겠지만, 그것들은 사전을 보면, 누구나 알 수 있는 것들이다.

본인이 이야기하고자 하는 기본적인 이론에 대한 숙고를 해주길 재삼 당부하는 바이다.

2016년 초판을 내며.
나중에 내 책에 대한 부끄러움을 느낄 각오를 한다.

미리 알아 두어야 할 교재 중에 사용하는 용어내지, 기본 사항

1. 문장에서 가장 많이 나오는 (명사)는 (무엇)이라고 일반화시켜서 해석하고, (명사)라고 쓰거나 Ⓐ,Ⓑ,Ⓒ등으로 표기한다.

2. 가장 중요한 동사는 동사 또는 동사(~)라고 표기하고, (~한다)라고 해석하고, (뭐 한다)라고 읽기를 바란다.
   * ※ 동사라는 말없이 (~)의 표시는 (동사원형)을 말하는 것이다.
   * ※ 과거형(~ed)라고 표시해주는 것 이외의 (~ed)는 (과거분사)를 뜻 한다.
   * ※ 동사부분만을 (~한다), 즉 (뭐 한다)라고 해석하고, 동사이외의 것, 즉 명사, 형용사, 부사를 언급할 때, (뭐뭐) 라는 말을 쓰지 말기를 간절히 바란다.

3. 형용사는 (어떠한)이라고 해석하는 것이 가장 일반적일 거 같은데, 그 경우는 어려울 것이 없고, 가장 많이 나오는 개념인 (be 형용사)를 (어떠하다)라고 해석하는 것을 명심하자.

4. 우리나라 사람들이 아주 어려워하는 (일반동사 형용사), (일반동사 Ⓐ 형용사)의 구조는 암기해야 한다. 이런 경우에 형용사 부분의 해석이 (어떠하게)라는 식으로 부사처럼 해석되기 때문에 어려운 것이므로, 그 때그때 암기해두다 보면 감이 오게 되어 있다.

   (예)
   look 형 (어떠하게 보이다)
   sound 형 (어떠하게 들리다/ 어떠하게 여겨지다)
   make Ⓐ 형 ; Ⓐ를 어떠하게 만들다
   find Ⓐ 형 ; Ⓐ가 어떠하다는 것을 알게 되다

5. 부사는 (어떠하게)라고 해석하고, (일반동사 부사)의 형태로 가장 많이 쓰이고, 단어 뜻만 알면, 우리나라 사람들이 어려울 것이 없는 구조이다.

    ※ 형용사나 부사의 개념을 이야기 할 때, (어떠)라는 말을 쓰면 되고, (뭐뭐)라는 말을 쓰지 않아야 개념정리가 잘될 수 있다.

    (예)
    - be so 형용사 that 주어 동사(~)
      매우 어떠해서 주어가 ~한다

    - 일반동사 so 부사 that 주어 동사(~)
      매우 어떠하게 ~해서 주어가 ~한다

6. (전치사 명사)는 앞에 있는 명사를 꾸며주는 형용사구 아니면 부사구이다.

    ※ (전치사 명사)가 앞에 있는 명사를 꾸며주는 형용사구인 경우, 우리말로 해석할 때, 조사[토씨]의 사용에 주의하면서, 앞에 있는 꾸며지는 명사와 함께 한눈에 보는 연습을 해야 한다.

영어 문장의 기본구조 이론

> **1. 영문은 (주어 동사 ....)으로 이루어져있고 동사가 뒷부분을 책임지는 가장 중요한 부분이다.**

(1) 동사 뒤에는 전치사 없이 명사를 쓸 것인지, 전치사를 쓰고 명사를 써야 하느냐가 가장 중요하다.

(2) 동사 뒷부분이 길어지는 것은 주로 (전치사 명사)의 구조 때문인데, (전치사 명사)가 앞에 있는 명사를 꾸며주는 형용사구인 경우에는 해석에 조심해야 한다.

(3) 앞에 있는 동사, 형용사, 명사 때문에 결정되는 전치사는 함께 암기해 두어야 한다.

(4) (동사 명사 명사)의 구조를 (동사 Ⓐ Ⓑ)라고 표시하면, (Ⓐ에게 Ⓑ를 ~한다) 아니면 (Ⓐ를 Ⓑ로 ~한다)의 뜻이다.
   * make his daughter a doll: 그의 딸에게 인형을 만들어주다.
   * make his daughter a doctor: 그의 딸을 의사로 만들다.

(5) (be동사 형용사)는 (어떠하다)의 뜻이고, (일반동사 부사)의 구조가 기본이다. 그러나 (일반동사 형용사) 그리고 (일반동사 명사 형용사)의 구조는 암기해야 한다.

> **2. 영문이 길어지는 이유는 새로운 동사가 나타나기 때문이고, 새로운 동사는 반드시 (접속사 주어 동사 ....)의 형태이거나, 준 동사 즉, (to ~....), (~ing .....), (~ed ....)의 형태를 취해야 한다.**

(1) (접속사 주어 동사 .....)의 형태를 종속절이라 하고, <u>그 종속절이 문장 속의 어느 위치에서 어떤 역할을 하느냐에 따라 (명사절), (형용사절), (부사절)의 이름을 갖게 된다.</u>

(2) <u>문장 속에서 (준 동사)를 보게 되면, 반드시 (어떤 원칙)에 의해 그 모양이 쓰인 것인지를 확인하는 습관을 갖는 것이 중요하다.</u>

　① 문장 속에서 (to ~ ...)을 보게 되면, (~하기 위하여)라고 해석해 보고, 맞으면 다행이고, 맞지 않으면, 특별한 어떤 규칙이 있는 것이다.

　② 문장 속에서 (~ing ...)을 보게 되면 (~하고 있는 또는 ~하는 채로)라고 해석해보고, 맞으면 다행이고, 맞지 않으면, 특별한 어떤 규칙이 있는 것이다.

　③ 문장 속에서 (~ed 즉, 과거분사꼴)을 보게 되면 (~되어진 또는 ~된 채로)라는 수동의 의미로 해석해보고, 맞으면 다행이고, 맞지 않으면, 특별한 어떤 모양이 있는 것이다.

　※ 주절이란 접속사 없는(주어 동사...) 부분을 말한다. 문장 속에 주절은 하나이고, 종속절은 여러개 있을 수 있고, 종속절과 준동사는 서로 바꿔 쓸 수도 있는 같은 개념의 문법사항이다.

　● 길어진 문장의 형태
　　<u>To~</u> …, 주어 동사… <u>접속사 주어 동사…</u> <u>~ing</u>…, <u>접속사 주어 동사…</u>
　　<u>~ed</u>… <u>to~</u>….

3. 주어에 직접 걸리는 동사를 본동사라 하고, 그 본동사의 모양을 결정짓는 네 가지 문법단원이 (시제), (수동태), (조동사), (가정법)이다.

※ 문법이란 한 문장을 올바르게 쓰고, 올바르게 분석할 수 있는 법칙이기에, 한 문장을 볼 때마다, 문장 속의 단어 뜻 몇 개를 머릿속으로 조립해서 이런 뜻일 거라고 (작문)해서는 안 되고, 정확한 문법규칙에 맞추어서 명확히 (해석)하는 습관을 가지는 것이 기초과정에서 아주 중요하다.

※ 문장을 볼 때에 (전치사), (접속사), (준 동사)가 중요한 징검다리 역할을 한다는 것을 명심해야 하고, 본동사를 볼 때 (시제)와 (태), 그리고 (가정법)인지 아닌지와 (조동사)의 쓰임이 올바른지 아닌지를 볼 줄 아는 것으로 문법공부는 끝나는 것이라는 것을 명심하면 된다.

제1장
영문에서 가장 중요한 [동사......]의 구조에 대한 기초 암기사항

1. be동사의 현재형(am, are, is)과 과거형(was, were)이 사용되는 문장

※ 영문에서 가장 중요한 부분은 동사부분이고, 수많은 동사 중에서도 <u>be동사는 (현재형; am/are/is), (과거형; was/were), (원형; be), (~ing형; being), (과거분사; been)</u>의 모습으로 전체 문장의 절반 이상에서 나타날 정도로 중요한 것이며, 그 쓰임은 다음의 세 가지이다.

(1) 주어가 무엇이다:
<u>주어 be 명사</u>

(2) 주어가 어떠하다:
<u>주어 be 형용사</u>

(3) 주어가 어디에 있다:
①<u>주어 be 장소 부사</u>
②<u>There be 주어 장소 부사</u>

2. be동사의 현재형과 과거형이 있는 문장의 부정문과 의문문은 뜻을 생각할 필요 없이 am, are, is, was, were 바로 뒤에 not 이나 주어를 써주면 부정문과 의문문이 된다.

3. 조동사가 있는 문장의 부정문은 (조동사 not ~), 의문문은 (조동사 주어 ~ ?)이다.

ex) They <u>are not</u> playing soccer.
   <u>Is he</u> a doctor?
   The book <u>wasn't</u> written in 2002
   <u>Were the fences</u> being painted?
   He <u>will not come</u> back tomorrow.
   <u>Should I go</u> there by myself?

4. 일반 동사의 현재형(~, ~s)과 과거형(~ed)이 사용되는 문장, 그리고 그 문장들의 부정문과 의문문에서 대동사 do, does, did 를 사용하기

※ 대동사란 일반동사의 현재형과 과거형을 대신하는 것을 말하며, 일반동사의 현재형은 (do, does)로 대신하고, 과거형은 (did)로 대신하는 것이다.
즉,
go, study, see, break, teach,… , do,.. → do로
goes, studies, sees, breaks, … does, → does로
went, studied, saw, taught, …, did, → did로
바꾸어서 부정문, 의문문을 만드는 것이다.

(1) 주어가 …… ~한다.

　　주어 ~(~s) ……

(2) 주어가 …… ~했다.

　　주어 ~ed(과거형) ……

(3) 주어가 ……~하지 않는다.

　　주어 do(does) not ~ …… .

(4) 주어가 ……~하지 않았다.

　　주어 did not ~ …… .

(5) 주어가 …… ~하느냐?

　　Do(Does) 주어 ~ …… ?

(6) 주어가 …… ~했느냐?

　　Did 주어 ~ …… ?

※ 이미 언급한 것처럼 "~"표시는 (동사원형)이라고 읽어주기 바란다.

　ex) They go to church every Sunday.
　　　They don't go to church every Sunday.

　　　He gets up early
　　　He doesn't get up early.
　　　Does he get up early?

　　　He does his best.
　　　He doesn't do his best.
　　　Does he do his best?

　　　She taught me English.
　　　She didn't teach me English.
　　　Did she teach you English?

　　　They did the work.
　　　They didn't do the work.
　　　Did they do the work?

5. am, are, is, was, were 가 쓰이는 중요한 표현들

(1) am[are, is] ~ing
 ; ~하는 중이다

(2) was[were] ~ing
 ; ~하고 있었다

(3) am[are, is] going to ~
 ; ~할 것이다

(4) am[are, is] able to ~
 ; ~할 수 있다

(5) was[were] able to ~
 ; ~할 수 있었다

(6) am[are, is] about to ~
 ; 막 ~하려는 참이다

(7) was[were] about to ~
 : 막 ~하려는 참이었다

6. (조동사 동사원형) 또는 (조동사 have ~ed[과거분사])가 사용된 문장

(1) will ~
   (will not ~ = won't ~)

(2) may ~
   (may not ~)

(3) may ~
   (must not ~ = shouldn't ~)

(4) can ~
   (cannot ~)

(5) must ~ = should ~
   (don't[doesn't] have to ~)

(6) will be able to ~
   (will not be able to ~)

(7) will have to ~
   (will not have to ~)

(8) had better ~ = may as well ~
   (had better not ~
   = may as well not ~)

(9) must be 명사[형용사]
   (cannot be 명사[형용사])

(1) ~할 것이다
   (~하지 않을 것이다)

(2) ~할지도 모른다
   (~하지 않을지도 모른다)

(3) ~해도 좋다
   (~해서는 안 된다)

(4) ~할 수 있다
   (~할 수 없다)

(5) ~해야만 한다
   (~할 필요가 없다)

(6) ~할 수 있을 것이다
   (~할 수 없을 것이다)

(7) ~해야만 할 것이다
   (~할 필요가 없을 것이다)

(8) ~하는 것이 좋다
   (~하지 않는 것이 좋다)

(9) 무엇임에[어떠함에] 틀림없다
   (무엇일 리가[어떠할 리가] 없다)

(10) must have ~ed 　　 (cannot have ~ed)	(10) ~했음에 틀림없다 　　 (~했을 리가 없다)
(11) should have ~ed 　　 (should not have ~ed)	(11) ~했어야만 했는데(하지 않았구나) 　　 (~하지 말았어야 했는데(했구나))
(12) would have ~ed	(12) ~했을 것이다
(13) could have ~ed	(13) ~할 수 있었을 것이다
(14) may[might] have ~ed	(14) ~했을지도 모른다
(15) Shall I ~ ? (Shall we ~ ?)	(15) 내가 ~할까? (우리 ~할까?)
(16) May 주어 ~ !	(16) 주어가 ~하기를 기원한다!

제 2장

수동형동사와 12시제의 사용법

1. 능동형 동사와 수동형 동사는 별개의 독립된 동사이다.

※ 능동형동사 (~) ; ~한다
  ; 만들다 (make), 짓다 (build), 끝마치다 (finish) ...

※ 수동형동사 (be + 능동형동사의 과거분사) ; ~되다, ~되어 지다
  ; 만들어 지다 (be made), 지어지다 (be built), 끝마쳐지다 (be finished) ....

● 영어 문장에 사용되는 모든 동사 자리에는 (원형, ~ing형, 과거분사, 현재형, 과거형)의 다섯 가지 모양 중에 하나가 반드시 쓰인다는 것이 가장 기본적인 법칙이다.

● 깨뜨리다(break)와 깨뜨려지다(be broken)는 별개의 서로 다른 동사라는 밑의 뜻은, (깨뜨리다 ; 깨뜨려지다) 각각은, 원형(break ; be broken), ~ing형(breaking ; being broken), 과거분사(broken ; been broken), 현재형(break/breaks ; am/are/is broken), 과거형(broke; was/were broken)을 따로따로 가지고 있다는 뜻이다.

(1) 동사원형(~), (be ~ed)를 사용하는 예

* will ~ (~할 것이다) ;
  will build (지을 것이다);
  will be built (지어질 것이다)

* had better ~ (~하는 것이 좋다);
  had better write (쓰는 것이 좋다);
  had better be written (쓰여지는 것이 좋다);

(2) (~ing), (being ~ed)형을 사용하는 예

* am/are/is ~ing (~하는 중이다)
* am/are/is being ~ed (~되는 중이다)

is reading (읽는 중이다)
is being read (읽혀지는 중이다)

are building (짓는 중이다)
are being built (지어지는 중이다)

* was/were ~ing (~하고 있었다);
  was/were being ~ed (~되고 있었다);

was painting (칠하고 있었다);
were being painted (칠해지고 있었다);
was punishing (야단치고 있었다)
was being punished (야단맞고 있었다);

※ 흔히 현재진행형의 수동태, 과거진행형의 수동태라는 용어를 쓰는데, 그런 말보다는 수동형동사의 현재진행형, 수동형동사의 과거진행형이라는 용어가 적절할 것이다.

(3) 과거분사 (~ed), (been ~ed)형을 사용하는 예

* have/has ~ed (~했다, ~했었다)
* have/has been ~ed (~되어졌다, ~되어진 적이 있다);
  have put (놓았다) ;
  has been put (놓여졌다) ;
  has publiched(출판했다) ;
  has been published (출판되었다);
  have broken(깨뜨렸다) ;
  have been broken (깨트려졌다) ;

> ※ 흔히 현재완료형의 수동태라는 용어를 쓰는데, 그 용어보다는 수동형동사의 현재완료형이라는 용어가 적절할 것이다.

* must have ~ed (~했음에 틀림없다) ;
* must have been ~ed (~되어졌음에 틀림없다)
  must have paid (지불했음이 틀림없다);
  must have been paid (지불되었음에 틀림없다);
  must have visited (방문했음이 틀림없다)
  must have been visited (방문 받았음에 틀림없다);

* should have ~ed (했이야민 했는데)
* should have been~ed(~되었어야만 했는데)
  should have finished(끝마쳤어야 했는데)
  should have been finished(끝마쳐졌어야 했는데)

(4) 능동형과 수동형 동사의 현재형 (~/~s) ; (am/are/is ~ed)

see/sees (본다, 목격한다);
am/are/is seen (보여진다, 목격된다)
finish/finishes (끝마친다)
is finished (끝마쳐진다)
are done (이루어진다);
am paid (지불받는다)

(5) 능동형과 수동형 동사의 과거형 (~ed) ; (was/were ~ed)

learned (배웠다);
was/were learned (학습되었다);
made (만들었다)
was/were made (만들어졌다);
was destroyed (파괴되었다);
were printed (인쇄되었다);

2. 다음에 주어진 능동형동사와 수동형동사가 쓰인 각 문장의 긍정문, 부정문과 의문문을 보면서 부정문과 의문문은 능동형, 수동형과는 관계없이 부정문과 의문문에 관한 원칙, 즉 긍정문은 (주어 동사....), 부정문은 (주어 **동사 not**...), 의문문은 (의문사 **동사 주어**.... ?)의 원칙대로 쓰는 것이라는 것을 확인하기로 한다.

(1) They paint the fence every year.
(해석)그들은 매년 담장을 칠한다.
(의문문)Do they paint the fence every year.
(부정문)They don't paint the fence every year?

(2) The fence is painted every year.
(해석)그 담장은 매년 칠해진다.
(의문문) Is the fence painted every year?
(부정문) The fence isn't painted every year.

(3) He broke the vase.
(해석)그가 그 꽃병을 깼다.
(의문문) Did he break the vase?
(부정문) He didn't break the vase.

(4) The vase was broken by him.
(해석)그 꽃병은 그에 의해 깨졌다.
(의문문)Was the vase broken by him?
(부정문)The vase wasn't broken by him.

(5) She is writing a letter.
(해석)그녀는 편지를 쓰고 있다.
(의문문)Is she writing a letter?
(부정문)She isn't writing a letter.

(6) A letter is being written by her.
　　(해석)편지가 그녀에 의해 쓰여 지고 있다.
　　(의문문)Is a letter being written by her?
　　(부정문)A letter isn't being written by her.

(7) She was drawing a picture.
　　(해석)그녀는 그림을 그리고 있었다.
　　(의문문)Was she drawing a picture?
　　(부정문)She wasn't drawing a picture.

(8) A picture was being drawn by her.
　　(해석)그림이 그녀에 의해 그려지고 있었다.
　　(의문문)Was a picture being drawn by her?
　　(부정문)A picture wasn't being drawn by her.

(9) We should remove the desk to another room.
　　(해석)우리는 그 책상을 다른 방으로 옮겨야한다.
　　(의문문) Should we remove the desk to another room?
　　(부정문) We shouldn't remove the desk to another room.

(10) The desk should be removed to another room.
　　(해석)그 책상은 다른 방으로 옮겨져야 한다.
　　(의문문) Should the desk be removed to another room?
　　(부정문) The desk shouldn't be removed to another room.

※ 위의 예문들에서 보는 것처럼 1과2, 3과4, 5와6, 7과8, 9와10의 문장들 서로는 능동형을 수동형으로 수동형을 능동형으로 바꿀 때의 모습이라는 것을 알 수 있을 것이다.

※ **4형식 동사의 수동형 중에 간접목적어였던 말이 수동형의 주어인 경우 그 뜻을 조심해야 한다. 즉, 이 경우에는 수동형동사 뒤에 목적어가 남아있게 되므로 (받다), (듣다), (보다) 등의 뜻이 된다.**

He gave me the book.
= He gave the book to me.
; 그가 나에게 그 책을 주었다.
- The book was given to me by him.
; 그 책이 나에게 그에 의해 주어졌다.
 (be given : 주어지다)
- I was given the book by him.
; 나는 그에게서 그 책을 받았다.
 (be given Ⓐ : Ⓐ를 받다)

He always asks his father lots of questions.
= He always asks lots of questions of his father.
- Lots of questions are always asked of his father by him.
; 많은 질문이 항상 그에 의해 그의 아버지에게 이루어진다.
(be asked : 질문되다)
- His father is always asked lots of questions by him.
; 그의 아버지는 항상 그에 의해 많은 질문을 받는다.
 (be asked Ⓐ : Ⓐ를 질문 받다)

- I was told the news last night.
; 나는 어제 밤에 그 소식을 들었다.
 (be told Ⓐ ; Ⓐ를 듣다)

- I was shown the album of his middle school days.
; 나는 그의 중학교 시절의 앨범을 보았다.
 (be shown Ⓐ ; Ⓐ를 보다)

 · How much can I be paid for that car?
 ; 내가 그 차에 대해 얼마를 받을 수 있을 가요? (be paid Ⓐ ; Ⓐ를 지불받다)

※ 감정이나 느낌을 자극하는 동사의 수동형 뒤에 오는 전치사에 주의해야한다.

The result will satisfy your boss. (만족시키다)
; 그 결과는 사장을 만족시킬 것이다.
Your boss will be satisfied with the result.
; 너의 사장은 그 결과에 만족할 것이다.
 (be satisfied with Ⓐ ; Ⓐ에 만족하다)

Learning music interested his son.
; 음악을 배우는 것이 그의 아들의 관심을 끌었다.

His son was interested in learning music.
; 그의 아들은 음악공부에 관심이 있었다.
(be interested in Ⓐ ; Ⓐ에 관심이 있다)

The news of his success has surprised all of them.
; 그의 성공 소식은 그들 모두를 놀라게 했다.

All of them have been surprised at the news of his success.
; 그들 모두 그의 성공 소식에 놀랐다.
 (be surprised at Ⓐ ; Ⓐ에 놀라다)

- be delighted with Ⓐ (Ⓐ때문에 기뻐하다) ;
- be disappointed at Ⓐ (Ⓐ에 대해 실망하다) ;
- be depressed about Ⓐ (Ⓐ때문에 침울해하다) ;
- be tired of Ⓐ (Ⓐ에 싫증이 나다)

※ 목적격보어로 동사원형이 쓰인 문장은 수동형이 되면 동사원형이
　to 부정사로 바뀐다.

- He made us do the work.
 ; 그는 우리에게 그 일을 하도록 시켰다.
 (make Ⓐ ~ : Ⓐ에게 ~하도록 시키다)

- We were made to do the work.
 ; 우리는 그 일을 하도록 지시 받았다.
 (be made to ~ : ~하도록 지시받다)

- I saw him enter the house.
 ; 나는 그가 집에 들어가는 것을 보았다.
 (see Ⓐ ~ : Ⓐ가 ~하는 것을 보다)

- He was seen to enter the house.
 ; 그는 집에 들어가는 것이 목격되었다.
 (be seen to ~ : ~하는 것이 목격되다)

- hear Ⓐ ~ : Ⓐ가 ~하는 것을 듣다
- be heard to ~ : ~하는 것이 들리다

- feel Ⓐ ~ : Ⓐ가 ~하는 것을 느끼다
- be felt to ~ : ~하는 것이 느껴지다

※ **타동사구가 있는 문장의 수동형은 타동사구를 하나의 동사로 취급하면 된다.**

She looked down upon him.
; 그녀는 그를 멸시했다.
(look down upon   Ⓐ ; Ⓐ을 멸시하다)

He was looked down upon by her.
; 그는 그녀에게 멸시 당했다.
(be looked down upon : 멸시당하다)

The teacher speaks well of him.
; 선생님은 그를 칭찬한다.
(speak well of   Ⓐ ; Ⓐ을 칭찬하다)

He is well spoken of by the teacher.
; 그는 선생님에게 칭찬 받는다
(be well spoken of : 칭찬받다)

They are paying great attention to his words.
= They are paying his words great attention.
; 그들은 그의 말에 많은 주의를 기울이고 있다.
(pay attention to Ⓐ: Ⓐ에 주의를 기울이다)

His words are being paid great attention.
; 그의 말은 많은 주목을 받고 있다.
(Ⓐ be paid attention : Ⓐ가 주목을 받다)

Great attention is being paid to his words.
; 많은 주목이 그의 말에 기울여지고 있다.
(Attention be paid to Ⓐ: 주의가 Ⓐ에게 기울여지다)

You should take good care of the children.
; 너는 그 아이들을 잘 돌보아야만 한다.
　(take care of　Ⓐ:　Ⓐ를 돌보다)

The children should be taken good care of .
; 그 아이들은 잘 돌보아져야만 한다.
(Ⓐ be taken care of : Ⓐ가 돌보아지다)

Good care should be taken of the children.
; 좋은 보살핌이 그 아이들에게 주어져야만 한다.
(Care be taken of Ⓐ: 보살핌이 Ⓐ에게 주어지다)

- look up to Ⓐ ; Ⓐ를 존경하다;
- be looked up to : 존경받다

- laugh at Ⓐ ; Ⓐ를 놀리다;
- be laughed at : 놀림당하다

- run over Ⓐ ; Ⓐ를 치다;
- be run over : 치이다

※ 명령문의 수동태

- Ⓐ를 ~해라 : ~ Ⓐ.
  Push the red button.
- Ⓐ가 ~되도록 해라 : Let Ⓐ be ~ed.
  Let the red button be pushed.
- Ⓐ를 ~하지마라 : Don't ~ Ⓐ.
  Don't push the red button.
- Ⓐ가 ~되도록 하지마라 : Don't let Ⓐ be ~ed.
= Ⓐ가 ~되지 않도록 해라 : Let Ⓐ not be ~ed.
  Don't let the red button be pushed.
  Let the red button not be pushed.
  ; 빨간 버튼이 눌려지지 않도록 해라.

Let him carry the suitcase upstairs.
; 그가 가방을 위층으로 가져가게 해줘요.
Let the suitcase be carried upstairs by him.
; 그 가방이 그에 의해 위층으로 가져가지게 하세요.

Don't let the children touch the frypan.
; 아이들이 프라이팬을 만지도록 하지 마세요.
Don't let the frypan be touched by the children.
; 프라이팬이 아이들에 의해 만져지도록 하지 마라.
Let the frypan not be touched by the children.
; 프라이팬이 아이들에 의해 만져지지 않도록 해라.

Let it not be forgotten for ever.
; 그것이 영원히 잊히지 않도록 해라.

Let this issue be discussed more thoroughly.
; 이 문제가 더 철저하게 논의되도록 하세요.

※ **People say that** 주어 동사 ......
　(사람들은 주어가 ~한다고 말한다)
　= **It is said that** 주어 동사 ......
　(주어가 ~한다고 말해진다)
　= 주어 **is said to** ~ .....
　(주어가 ~한다고 말해진다)

☞ (think, believe 도 같은 방식으로 변형된다. 이 경우 주의해야 할 것은 that절(명사절) 속의 동사가 주절의 동사보다 먼저 일어난 시제일 경우에는 완료부정사(to have ~ed)형태로 변하고, 그 부분을 우리말로 (~했다)라고 해석하는 것에 유의해야 한다.

- be said to have ~ed ; ~했다고 말해 진다
- be said to have been ~ed ; ~되어졌다고 말해 진다
- be thought to have ~ed ; ~했다고 생각되어진다
- be believed to have been ~ed ; ~되어졌다고 믿어지다

People say that he meets her everyday.
; 사람들은 그가 매일 그녀를 만난다고 말한다.
= It is said that he meets her everyday.
; 그가 매일 그녀를 만난다는 것이 말해진다.
= He is said to meet her everyday.
; 그는 매일 그녀를 만난다고 말해진다.

People said that he met her everyday.
; 사람들은 그가 그녀를 매일 만난다고 말했다.
= It was said that he met her everyday.
; 그가 그녀를 매일 만난다는 것이 말해졌다.
= He was said to meet her everyday.
; 그가 그녀를 매일 만난다고 말해졌다.

People say that he met her yesterday.
; 사람들은 그가 그녀를 어제 만났다고 말한다.
= It is said that he met her yesterday.
; 그가 그녀를 어제 만났다는 것이 말해진다.
= He is said to have met her yesterday.
; 그가 어제 그녀를 만났다고 말해진다.

People said that he had met her the day before.
; 사람들은 그가 그녀를 그 전날 만났다고 말했다.
= It was said that he had met her the day before.
; 그가 그 전날 그녀를 만났다는 것이 말해졌다.
= He was said to have met her the day before.
; 그가 그 전날 그녀를 만났다고 말해졌다.

We believe that he didn't steal the money.
; 우리는 그가 그 돈을 훔치지 않았다고 믿는다.
= He is believed not to have stolen the money.
; 그는 그 돈을 훔치지 않았다고 믿어진다.

They think that she has taken care of the babies.
; 그들은 그녀가 그 아기들을 돌보아 왔다고 생각한다.
= She is thought to have taken care of the babies.
; 그녀가 아기들을 돌보아 왔다고 여겨지고 있다.
The babies are thought to have been taken care of by her
그 아기들은 그녀에 의해 돌보아져 왔다고 여겨지고 있다.

They say that the castle was built 2000 years ago.
= The castle is said to have been built 2000 years ago.
; 그 성은 2000년 전에 지어졌다고 말해진다.

> **3.** 12시제의 뜻에 대해서는 잘 모르면 문장에 나올 때마다, 배워갈 수 있고, 12시제의 뜻을 전체적으로 바로 뒤에서 다루겠지만, 우선 능동형동사와 수동형동사의 시제모양에는 익숙해져야 하기에 시제의 모양에 대해서 우선 연습하기로 한다.

(1) <u>현재형</u> ; (~ , ~s) ; (am/are/is ~ed) ; pay/pays ; am/are/is paid ; learn/learns ; am/are/is learned

(2) <u>과거형</u> ; (~ed) ; (was/were ~ed) ; watched ; was/were watched ;
gave ; was/were given
built ; was/were built ;
bought ; was/were bought ;

(3) <u>미래형</u> ; (will ~); (will be ~ed) ; will teach ; will be taught
will speak ; will be spoken

4) <u>현재완료형</u> ; (have/has ~ed); (have/has been ~ed) ;
have/has seen ; have/has been seen
have/has taken ; have/has been taken

(5) <u>과거완료형</u> ; (had ~ed); (had been ~ed) ;
had read ; had been read
had chosen ; had been chosen

(6) <u>미래완료형</u> ; (will have ~ed); (will have been ~ed) ;
will have finished
will have been finished
will have destroyed
will have been destroyed

(7) 현재진행형 ; (am/are/is ~ing); (am/are/is being ~ed) ;
am/are/is watching ;
am/are/is being watched;
are building ;
is being built ;

(8) 과거진행형 ; (was/were ~ing); (was/were being ~ed) ;
was/were playing ;
was/were being played ;
was shooting ;
were being shot ;

※ 수동형동사는 (1)~(8)까지만 있고, 미래진행형과 완료진행형으로는 쓰이지 않는다.

(9) 미래진행형 ; (will be ~ing)
will be watching;
will be growing

(10) 현재완료진행형 ; (have/has been ~ing)
have been working;
has been teaching

(11) 과거완료진행형; (had been ~ing)
had been painting;
had been quarreling

(12) 미래완료진행형 ; (will have been ~ing)
will have been playing
will have been waiting

※ 다음 각 동사의 시제 이름을 쓰세요.   ※다음 시제에 해당하는 동사의 모양을 쓰십시오.

1. has cut
2. has been cut
3. has been cutting
4. is being cut
5. taught
6. are teaching
7. is being taught
8. was taught
9. has been taught
10. has been teaching
11. will be taught
12. are learned
13. will have learned
14. will have
15. will have been finished
16. had had
17. had been
18. had been done
19. has been
20. has been doing
21. has helped
22. will have been working
23. will have been left
24. will have been watching

1. cut의 현재완료
2. be cut의 현재완료
3. cut의 현재완료진행
4. be cut의 현재진행
5. teach의 과거
6. teach의 현재진행
7. be taught의 현재진행
8. be taught의 과거
9. be taught의 현재완료
10. teach 의 현재완료진행형
11. be taught의 미래
12. be learned의 현재
13. learn의 미래완료
14. have의 미래
15. be finished의 미래완료
16. have의 과거완료
17. be의 과거완료
18. be done의 과거완료
19. be의 현재완료
20. do의 현재완료진행
21. help의 현재완료
22. work의 미래완료진행
23. be left의 미래완료
24. watch의 미래완료진행

제2장 수동형동사와 12시제의 사용법 **37**

25. will have been sent   25. be sent의 미래완료
26. will be writing   26. write의 미래진행
27. will be written   27. be written의 미래
28. is being broken   28. be broken의 현재진행
29. is broken   29. be broken의 현재
30. was being done   30. be done의 과거진행
31. was done   31. be done의 과거
32. has been accepted   32. be accepted의 현재완료
33. had failed   33. fail의 과거완료
34. had been touched   34. be touched의 과거완료
35. has found   35. find의 현재완료

※ 동사의 모양을 보고 ① 능동형인지, 수동형인지(원형)을 알아보고 ② (시제의 이름)을 알아보는 것이 중요하다.

※ 다시 한 번 강조하지만, 능동형동사와 수동형동사는 별개의 동사이고, 각각
(원형; write; be written),
(~ing형; writing ; being written),
(과거분사; written ; been written),
(현재형; write/writes; am/are/is written),
(과거형; wrote ; was/were written)을 가지고 있는 것을 명확히 알고, 실제 문장에서 사용할 줄 알면, 된다고 쉽게 생각해 달라는 것이다.

※ 왜냐하면, 영어 문장에 쓰이는 동사 자리에는 (현재형)과 (과거형)을 쓰는 곳을 제외한 모든 곳에 <u>(원형), (~ing형), (과거분사)를 써야 한다는 원칙</u>이 주어지기 때문이다.

4 우리말을 영어와 비교하며 12시제의 기본 용법을 확인하기로 한다.

(1) 우리말로 (~한다)라는 상태를 나타내는 영어동사의 시제

- 그는 많이 아프다. : (현재의 단순한 상태를 나타내는 현재형)
  He is very sick.

- 그는 두주일째 아프다. : (과거 어느 때부터 현재까지 계속되고 있는 상태인 현재완료형)
  He has been sick for two weeks.

- 그들은 여기 살아요. (현재형) ; They live here.

- 그들은 10년째 여기 살아요. (현재완료형).They have lived here for 10 years.

- 그들은 30년째 결혼생활을 하고 있다.
  They have been married for 30 years.

- 많은 언어들이 그때 이래로 세계에서 사용되고 있다.
  A lot of languages have been used in the world since then.

※ 상태동사의 현재완료형을 (~해 오고 있다)라는 말로만 이해를 해왔기 때문에, 우리말로(~한다)라고 쓰는 말을 현재완료형으로 옮기지 못하는 경우를 고쳐야 한다.

∗∗ 앞에서 확인한 상태동사의 현재형과 현재완료형의 개념을 이용하여
  상태동사의 과거형과 과거완료형, 미래형과 미래완료형 사용하기

- 그는 어제 아팠다. : (과거의 단순한 상태를 나타내는 과거형)
  He was ill yesterday.

- 그는 어제까지 두주일째 아팠다. :
  (과거기준시점까지 어느 기간 동안 계속된 상태를 나타내는 과거완료형)
  He had been ill for two weeks till yesterday.

- 그들은 작년에 여기 살았어요. (과거형- lived)
  They lived here last year.

- 그들은 작년까지 10년간 여기 살았어요. (과거완료형- had lived)
  They had lived here for ten years until last year.

- 그는 내일이면 15일째 앓게 된다. :
  (미래 어느 시점까지 계속될 상태인 미래완료형)
  He will have been ill for fifteen days by tomorrow.

- 그들은 올해 말이면 이곳에서 만 10년째 살게 되요. (미래완료형- will have lived)
  They will have lived here for full 10 years by the end of this year.

- 이 달 말이면 그들은 결혼 한지 30년이 된다.
  They will have been married for 30 years by the end of this month.

(2) 우리말로 (~한다)라는 동작을 나타내는 영어동사의 시제

- 여름에는 비가 와요.
  (언제나 규칙적 반복적으로 일어나는 동작을 나타내는 현재형)
  It rains in summer.

- 밖에 비가 와요/오고 있다.
  (현재 순간에 벌어지고 있는 동작을 나타내는 현재진행형)
  It is raining outside.

- 온 종일 비가 와요/오고 있다.
  (과거 어느 때부터 현재까지 계속되고 있는 동작을 나타내는 현재완료진행형)
  It has been raining all day long.

** 위의 개념을 이용하여 동작동사의 과거진행형과 과거완료진행형, 미래진행형과 미래완료진행형 사용하기

- 내가 그 곳에 도착했을 때, 비가 오고 있었다.
  (과거 순간의 동작을 나타내는 과거진행형)
  It was raining when I arrived there.

- 내가 그 곳에 도착했을 때, 두 시간째 비가 오고 있었다.
  (과거 기준 시점까지 어느 기간 동안 계속되고 있던 동작을 나타내는 과거완료진행형)
  It had been raining for two hours when I arrived there.

- 나는 내일 이 시간에도 학생들을 가르치고 있을 거야.
  (미래 순간에 벌어질 동작인 미래진행형)
  I will be teaching students at this time tomorrow, too.

- 나는 이 달 말이면 이십 년째 학생들을 가르치게 될 것이다.
  (미래 어느 시점까지 계속되고 있을 동작을 나타내는 미래완료진행형)
  I will have been teaching students twenty years by the end of this month.

> ※ 단순진행형(현재/과거/미래 진행형)은 어느 순간에 벌어지고 있는 동작을 나타내고, 완료진행형(현재완료/과거완료/미래완료 진행형)은 어느 기간 동안 벌어지고 있는 동작을 나타낸다고 요약할 수 있을 것이다.

※ 상태를 나타내는 동사는 진행형으로 쓸 수 없다.

● 진행형으로 쓸 수 없는 중요한 상태 동사들

know, believe, remember, doubt, like, hate, possess, own, belong, consist, resemble, want, appear, seem ………

cf. He doesn't see well with his right eye. (see가 '보다' 라는 상태동사)
They are seeing the sights of Seoul.
(* see the sight : 관광하다 - 동작개념)

cf. He looks happy.(look 형용사: 어떠하게 보이다의 'look'은 상태동사)
He is looking at the map on the wall.
(* look at(바라보다)에 쓰인 'look'은 동작동사이다.)

cf. I have some good news today.
  (* '가지고 있다' 의 have는 상태동사)
She is having a chat with her friends in the living room.
(* '얘기하다'의 have a chat에서 'have'는 동작동사)
We were having dinner when the phone rang.
(* '먹다/마시다' 의 'have'는 동작동사)

(3) 우리말로 (~했다, ~했었다, ~한적이 있다)의 개념을 나타내는 영어 동사의 시제

- 그 버스는 5분전에 떠났다. :
  (과거 특정 시점에서 있었던 동작을 나타내는 과거형)
  The bus left five minutes ago.

- 그 버스는 네가 도착하기 5분 전에 떠났다. :
  (과거 기준시점 이전의 일을 나타낸 과거완료형)
  The bus had left five minutes before you arrived.

- 그 버스는 떠났다. 너는 다음 차를 타야 한다. :
  The bus has left, so you have to take the next one.
  (과거 어느 때에 있었던 일을 나타내고자 하는 것이 아니고, 과거에 완료된 동작의 결과가 현재까지 영향을 미치고 있거나 중요한 의미를 지니고 있다는 것을 나타내는 현재완료형)

- 너 숙제 끝마쳤니? - 현재완료형 : Have you done your homework?
- 벌써 끝마쳤어요. - 현재완료형 : I have already finished it.
- 언제 끝마쳤니? - 과거형 : When did you finish it?
- 아버지가 집에 오시기 전에 끝마쳤어요. -과거완료형 : I had finished it before father got home.

※ **미래의 어느 시점에서 완료되어 있을 동작을 나타내는 미래완료형**

- 다섯 시까지는 끝마쳐 놓을 거예요. -
  미래완료형: I will have finished it by 5.

12시제에 대한 필수 암기사항 (요약)

1. 주어 뒤에 쓰인 본동사의 모양을 결정짓는 4가지 요소

1. (1)시제 (2)태 (3)가정법 (4)조동사

2. 상태동사의 현재완료형은 (   ) 어느 때부터 (   )까지 어느 기간 동안 (   )되고 있는 (   )를 나타낸다.

2. (과거),
   (현재),
   (계속), (상태)

3. 나는 그녀를 잘 안다.

3. I know her very well.

4. 나는 그녀를 어릴 적부터 잘 안다.

4. I have known her very well since I was young.

5. 동작동사의 (   )은 과거 어느 때부터 현재까지 어느 기간 동안 계속되고 있는 (   )을 나타낸다.

5. (현재완료진행형),

   (동작)

6. 큰 나무가 우리 집 앞에 20년째 서있다.
   (과거 어느 때부터 현재까지 어느 기간 동안 계속되고 있는 상태를 나타내는 현재완료형을 써야 한다.)

6. A tall tree has stood in front of my house for twenty years.

7. 키 큰 남자가 우리 집 앞에 두 시간째 서있다.
   (과거 어느 때부터 현재까지 어느 기간 동안 계속되고 있는 동작을 나타내는 현재완료진행형을 써야 한다.)

7. A tall man has been standing in front of my house for two hours.

8. 키 큰 남자가 우리 집 앞에 서있다.
   (현재 순간의 동작을 나타내는 현재진행형)

8. A tall man is standing before my house.

9. 키 큰 남자가 매일 이 시간에 우리 집 앞에 서있다.
   (언제나, 규칙적, 반복적으로 일어나는 현재형)

9. A tall man stands before my house at this time everyday.

10. 동작동사의 현재완료형은 ( ) 어느 때에 그런 일이 있었다는 것을 나타내고자 하는 것이 아니고, ( )에 ( )된 동작의 결과가 ( )까지 남아 있거나 ( )에도 중요한 의미를 지니고 있다는 것을 나타낸다.

10. (과거),

    (과거), (완료)
    (현재)
    (현재)

11. 우리말로 (~했다), (~했었다), (~한 적이 있다)를 영어로 쓸 때,
    (1) 과거 특정 시점이 표시되어 있는 경우에는 ( )
    (2) 과거 기준 시점이전에 있었던 일을 나타낼 때에는 ( )
    (3) 나머지 경우에는 ( )을 쓴다.

11.
    (1) 과거형
    (2) 과거완료형
    (3) 현재완료형

12. 나는 오년 전에 그녀를 만난 적이 있다.
    (과거 특정 시점이 표시되어 있는 경우인 과거형을 써야 한다.)

12. I met her five years ago.

13. 나는 그녀가 결혼하기 오 년 전에 그녀를 만난 적이 있다.
(과거 기준 시점 이전에 있었던 일을 나타내는 과거완료형을 써야 한다.)

13. I <u>had met</u> her five years before she got married.

14. 나는 전에 그녀를 만난 적이 있다. 그래서 그녀를 보면, 알아볼 수 있다.
(과거에 완료된 동작의 결과가 현재에 영향을 미치는 동작동사의 <u>현재완료형</u>을 써야 한다.)

14. I <u>have met</u> her before, so I can recognize her if I meet her.

15. 과거 기준 시점까지 어느 기간 동안 계속된 상태를 나타낼 때에는 상태동사의 (　　)을 쓴다.

15.

과거완료형

16.
(1) 내가 도착했을 때에, 그는 앓고 있었다.
(과거의 단순한 상태를 나타내는 <u>과거형</u>을 쓴다.)

16.
(1) When I arrived, he <u>was</u> ill.

(2) 내가 도착했을 때에, 그는 삼 일째 앓고 있었다.
(과거 기준시점까지 어느 기간 동안 계속된 상태동사의 과거완료형을 쓴다)

(2) When I arrived, he <u>had been</u> ill for three days.

17. 과거 기준 시점까지 어느 기간 동안 계속된 동작을 나타낼 때에는 동작동사의 (   )형을 쓴다.

17.
과거완료진행형

18. 내가 도착했을 때에, 그는 TV를 보고 있었다.
(과거 순간의 동작을 나타내는 과거진행형을 쓴다)

18. When I arrived, he <u>was watching</u> TV.

19. 내가 도착했을 때에, 그는 두 시간째 TV를 보고 있었다.
(과거 기준시점까지 어느 기간 동안 계속되고 있던 동작동사의 과거완료진행형을 써야 한다.)

19. When I arrived, he <u>had been watching</u> TV for two hours.

20. 미래의 어느 시점까지 어느 기간 동안 계속되고 있을 상태를 나타내는 상태동사의 (   )형, 계속되고 있을 동작을 나타내는 동작동사의 (   )형.

20.

(미래완료),
(미래완료진행)

21. 이달 말이면, 그는 이곳에서 6개월째 살게 된다.
(미래의 어느 시점까지 어느 기간 동안 계속될 상태를 나타내는 미래완료형을 쓴다.)

21. By the end of this month, he <u>will have lived</u> here for six months.

22. 이달 말이면, 그는 이곳에서 6개월째 근무하게 된다.
(미래의 어느 시점까지 어느 기간 동안 계속될 동작을 나타내는 <u>미래완료진행형</u>을 쓴다.)

22. By the end of this month, he <u>will have been working</u> here for six months.

23. 우리말로 (~한다)의 개념을 영어로 (현재형), (현재진행형), (현재완료진행형)으로 구별해서 쓰는 방법
  (1) 언제나 규칙적 반복적으로 일어나는 일을 나타내는 (　)형
  (2) 현재 순간에 벌어지고 있는 일을 나타내는 (　　)형
  (3) 과거부터 현재까지 어느 기간 동안 계속되고 있는 동작을 나타내는 (　　)형

23.

  (1) 현재

  (2) 현재진행

  (3) 현재완료진행

24.
(1) 여름에는 <u>비가 온다</u>.
  (규칙적 반복적으로 언제나 일어나는 일인 <u>현재형</u>을 쓴다)
(2) 밖에 비가 온다.
  (현재 순간의 동작을 나타내는 현재진행형을 쓴다)
(3) 두 시간째 <u>비가 온다</u>.
  (과거 어느 때부터 현재까지 어느 기간동안 계속되는 동작을 나타내는 <u>현재완료진행형</u>을 쓴다)

24.
(1) It <u>rains</u> in the summer.

(2) It <u>is raining</u> outside.

(3) It <u>has been raining</u> for two hours.

제3장

가정법

> **(1) (가정법과거)** 문장이란 과거동사를 써서 현재사실을 가정하는 문장을 말한다.

* If 주어 과거형 ; 만약 주어가 ~한다면,
* 주어 would ~ ; 주어는 ~할 텐데/~할 것이다
* could ~ : ~할 수 있을 텐데
* might ~ : ~할지도 모를 텐데

※ 가정법과거 문장에서 우리나라 사람들이 흔히 실수하는 것은 조건절 속의 (과거형동사)를 우리말로는 (현재형)으로 해석해야 하는데, 과거형으로 해석하는 실수와, 조건절 속에 be동사의 과거형은 주어에 상관없이 were만을 써야 한다는 것을 잊는 잘못이다.

〈예〉 [If he helped us yesterday, we could have finished the work easily.]라는 문장에서 어법상 틀리는 곳을 지적하라 할 때,

(1) helped를 (도와주었다면)이라고 해석하면 틀리는 문장을 맞는 것으로 잘못 알게 되는 것이다.
조건절속의 helped는 (도와준다면)이라고 해석해야 하므로, 문법적으로 틀린 문장이라는 것을 알 수 있고, 위의 문장이 문법적으로 맞으려면, (가정법 과거완료문장)에서 배우게 되는 (had helped)를 써야한다. 그러면 뜻이 [만약 그가 어제 우리를 도와주었다면, 우리는 그 일을 쉽게 끝낼 수 있었을 것이다]가 된다.

또는 위의 문장을 (가정법과거)로 고치면,
[If he helped us now, we could finish the work easily.]이고, 그 뜻은 [만약 그가 지금 우리를 도와준다면, 우리는 그 일을 쉽게 끝마칠 수 있을 텐데]이다.
* You would be late for school if you didn't leave home at once.
  만약 네가 즉시 집을 나서지 않으면, 너는 수업에 늦을 것이다.

(2) (가정법과거완료) 문장이란 과거완료형 동사를 써서 과거사실을 가정하는 문장을 말한다.

* If 주어 had ~ed ; 만약 주어가 ~했(었)다면
* 주어 would have ~ed ; 주어는 ~했을 텐데/ ~했을 것이다

* could have ~ed : ~할 수 있었을 텐데
* might have ~ed : ~했을지도 모를 텐데

* If I had had enough money then, I could have given some to them.
  만약 내가 그때 충분한 돈을 가지고 있었다면, 내가 그들에게 약간의 돈을 줄 수 있었을 텐데.

(3) (혼합가정법)이란 조건문은 과거사실을 가정하고, 주절은 현재사실을 가정하는 경우를 말한다.

* 모양 : If 주어 had ~ed, 주어 would ~
* 뜻 : 만약 주어가 ~했(었)다면, 주어는 ~할 것이다/~할 텐데

* If he had done nothing when he was attacked, he would be dead now.
  만약 그가 공격 받았을 때에 아무것도 하지 않았다면, 그는 지금 숙어있을 것이다.

(4) 미래사실을 가정하기 위하여, 조건문에 (If 주어 should ~/또는 if 주어 were to~)의 형태를 흔히 쓴다.

* If you were to die tomorrow, I would die with you.
  만약 당신이 내일 죽는다면, 나는 당신과 함께 죽을 것이다.

* What would happen if the earth should stop revolving suddenly?
  만약 지구가 갑자기 공전을 멈춘다면, 무슨 일이 일어날까?

(비교) * (If 주어 would ~)은 (만약 주어가 ~하기를 바란다면)의 뜻이다.
* If you would succeed in the world, work harder.
네가 세상에서 성공하기를 바란다면, 더 열심히 일해라.

(5) 조건문에서 If 를 생략하면, (동사 +주어)의 순서로 도치된다.

- **Were 주어 .....** , 주어 would ~ .... .
- **Should 주어 ~ ...** , 주어 would ~... .
- **Had 주어 ~ed .....** , 주어 would have ~ed ..... .

위의 형태인 문장에서는 밑줄 친 부분이 의문문이 아니라 If가 생략된 조건문이라는 것을 알아보아야 한다.

<u>Were I more attractive</u>, he would love me.
내가 더 매력적이면, 그가 나를 사랑할 텐데.

<u>Should all the ice in the Arctic melt</u>, many coastal areas would disappear.
만약 북극에 있는 모든 얼음이 녹는다면, 많은 해안 지역들이 사라질 것이다.

(6) **Without Ⓐ[= But for Ⓐ]**, 주어 would ~
   : Ⓐ가 없다면, 주어가 ~ 할 텐데
   = **If it were not for Ⓐ**, 주어 would ~
   = **Were it not for Ⓐ**, 주어 would ~

Without the heat of the sun, nothing could live.
= If it were not for the heat of the sun, nothing could live.
= Were it not for the heat of the sun, nothing could live.
태양열이 없다면, 아무것도 살 수 없을 것이다.
(= If the sun didn't give off the heat, nothing could live.)
(= 만약 태양이 열을 발산하지 않는다면, 어느 것도 살 수 없을 것이다.)

> **(7) Without Ⓐ[= But for Ⓐ], 주어 would have ~ed**
> : Ⓐ가 없었다면, 주어가 ~ 했을 텐데
> = **If it had not been for** Ⓐ, 주어 would have ~ed
> = **Had it not been for** Ⓐ, 주어 would have ~ed

But for your timely advice, he would have been ruined.
= If it had not been for your timely advice, he would have been ruined.
= Had it not been for your timely advice, he would have been ruined.
만약 너의 시기적절한 충고가 없었다면, 그는 망쳐졌을 것이다.
(= If you had not advised him timely, he would have been ruined.)
(= 만약 당신이 그에게 시기적절하게 조언을 하지 않았다면, 그는 망쳐졌을 것이다.)

> **(8) 주어 현재형 ... , otherwise, 주어 would ~ ....**
> (주어는 .... ~ 한다, 그렇지 않으면, 주어는 ~ 할 텐데.)

* He is a true friend; otherwise, he would not say such a thing to you.
= If he were not a true friend, he would not say such a thing to you.

그는 진정한 친구이다, 그렇지 않으면, 그는 너에게 그러한 말을 하지 않을 것이다.
= 만약 그가 진정한 친구가 아니라면, 그는 너에게 그러한 말을 하지 않을 것이다.

> **(9) 주어 과거형 .... , otherwise, 주어 would have ~ed ....**
> (주어는 ~ 했다, 그렇지 않았다면, 주어는 ~ 했을 텐데.)

* They helped us with the task; otherwise, we could not have completed it.
= If they had not helped us with the task, we could not have completed it.

그들은 우리가 그 일을 하는 것을 도와주었다, 그렇지 않았다면, 우리는 그것을 완수하지 못했을 것이다.
= 만약 그들이 우리가 그일을 하는 것을 도와주지 않았다면, 우리는 그것을 완수하지 못했을 것이다.

가정법관련 필수암기사항

1. If 주어 과거형 : 만약 주어가 ~한다면
2. If 주어 should ~ : 만약 주어가 ~한다면(~하게 된다면)
3. If 주어 were to ~ : 만약 주어가 ~한다면(~하게 된다면)
4. If 주어 had ~ed : 만약 주어가 ~했었다면
5. 주어 would ~ : 주어는 ~할텐데(~할것이다)
6. 주어 could ~ : 주어는 ~할 수 있을 텐데(~할 수 있을 것이다.)
7. 주어 might ~ : 주어는 ~할지도 모를 텐데(~할지도 모를것이다)
8. 주어 would have ~ed : 주어는 ~했을 텐데(~했을것이다)
9. 주어 could have ~ed : 주어는 ~할 수 있었을 텐데(~할 수 있었을것이다.)
10. 주어 might have ~ed : 주어는 ~했을지도 모를 텐데(~했을지도 모른다.)
11. Without Ⓐ, 주어 would ~
    = If it were not for Ⓐ, 주어 would ~
    만약 Ⓐ가 없다면, 주어는 ~ 할 텐데.
12. Without Ⓐ, 주어 would have ~ed
    = If it had not been for Ⓐ, 주어 would have ~ed
    만약 Ⓐ가 없었다면, 주어는 ~ 했을 텐데

I wish 주어 가정법동사

(1) I wish 주어 과거형
    (주어가 ~한다면 좋을 텐데.)
    (= I am sorry 주어 현재형)

(2) I wish 주어 could ~
    (주어가 ~할 수 있다면 좋을 텐데.)
    (= I am sorry 주어 cannot ~)

(3) I wish 주어 과거완료형
　　(주어가 ~했었다면 좋았을 텐데.)
　　(= I am sorry 주어 과거형의 부정문)

(4) I wish 주어 could have ~ed
　　(주어가 ~할 수 있었다면 좋았을 텐데)
　　(= I'm sorry 주어 could not ~)

I wish I <u>knew</u> his name.
(= I'm sorry I <u>don't know</u> his name.)
내가 그의 이름을 안다면 좋을 텐데.
(= 내가 그의 이름을 모르는 것이 안타깝다.)

I wish he <u>could marry</u> you.
(= I'm sorry he <u>cannot marry</u> you.)
그가 너와 결혼할 수 있으면 좋을 텐데.
(= 그가 너와 결혼할 수 없는 것이 안타깝다.)

I wish my son <u>hadn't gone</u> out in the rain.
(= I'm sorry my son <u>went</u> out in the rain.)
　내 아들이 비가 오는 데에 외출하지 않았더라면 좋았을 텐데.
(= 내 아들이 비가 오는 데에 나갔던 것이 안타깝다.)

I wish they <u>could have helped</u> us then.
그가 그때 우리를 도와줄 수 있었으면, 좋았을 텐데.
(= I'm sorry they <u>couldn't help</u> us then)
그가 그때 우리를 도와줄 수 없었던 것이 안타깝다.

☞ 주어 직설법동사 **as if** 주어 가정법동사 (= **In fact**, 주어 직설법동사)

(1) as if 주어 과거형
  (마치 주어가 ~ 하는 것처럼)
(2) as if 주어 과거완료형
  (마치 주어가 ~ 했던 것처럼)

He talks as if he were rich.
(= In fact, he is not rich.)
그는 마치 그가 부자인 것처럼 말한다.
(= 사실, 그는 부자가 아니다.)

He talked as if he were rich.
(= In fact, he was not rich.)
그는 마치 그가 부자인 것처럼 말했다.
(= 사실, 그는 부자가 아니었다.)

He acts now as if he had not stolen it.
(= In fact, he stole it.)
그는 마치 그가 그것을 훔치지 않았던 것처럼 행동한다.
(= 사실, 그가 그것을 훔쳤다.)

He acted then as if he had not stolen it.
(= In fact, he stole it)
그는 마치 그가 그것을 훔치지 않았던 것처럼 행동했다.
(=사실, 그가 그것을 훔쳤다.)

제4장

명사절

1. 명사절이란 접속사로 유도되는 종속절이 문장 속에서 명사처럼 그 문장의 주어, 목적어, 주격보어 또는 목적격보어 역할을 하는 것을 말한다.

[명사절을 유도하는 중요한 접속사]

> * that +완전한 문장
> ; 주어가 ~한다는 것 (= 주어가 ~한다는 사실)
>
> * what 주어 동사 ....
>   (what + 목적어 또는 보어가 빠진 문장)
> ; 주어가 ~하는 것
>   무엇을 주어가 ~하는지

나는 그가 그것을 가지고 있다는 것[사실]을 안다.
I know that he has it.

나는 그가 가지고 있는 것을 [무엇을 그가 가지고 있는지를] 안다.
I know what he has.

> * what 동사 ....
> ; ~하는 것
>   무엇이 ~하는지

What was in his bag is this book.
그의 가방에 있던 것은 이 책이다.
I wonder what surprised them so much.
나는 무엇이 그들을 그렇게 많이 놀라게 했는지가 궁금하다.

* Ⓐ is to Ⓑ what Ⓒ is to Ⓓ.
; Ⓐ가 Ⓑ에 대한 관계는 Ⓒ가 Ⓓ에 대한 관계와 같다.

Leaves are to trees what lungs are to men.
잎사귀들과 나무의 관계는 허파와 인간의 관계와 같다.

* what 명사 주어 동사 .....
; 어떤 무엇을 주어가.... ~하는지
  주어가 ... ~하는 모든 무엇

I wonder what plan they will try.
; 나는 그들이 어떤 계획을 시도할 것인지 궁금하다.
I will give you what little help I can.
; 나는 내가 할 수 있는 작지만 모든 도움을 너에게 줄 것이다.

* which 주어 동사 .....
  (which + 목적어가 빠진 문장)
; 주어가 ... ~하는 어느 것
  어느 것을 주어가 .. ~하는지

Tell me which you like better, this or that?
이것 또는 저것 중에, 네가 어느 것을 더 좋아하는지 말해다오.

* which 동사 .....
; 어느 것이 ... ~하는지

Tell me which really makes you happy, love or money?
사랑 또는 돈 중에, 어느 것이 너를 진정 행복하게 해 주는지를 말해다오.

```
* which 명사  주어 동사 ....
* 어느 무엇을 주어가 .... ~하는지
```

Have you made up your mind which book you would like to read?
어느 책을 네가 읽기를 원하는지 결정했느냐?

```
* which 명사  동사 ....
* 어느 무엇이  .... ~하는지
```

I have difficulty telling you which book is more interesting.
　어느 책이 더 재미있는지를 말해주기가 어렵구나.

```
* whatever[whichever] + 주어 동사 ....
 ; 주어가 ~하는 모든 것[어느 것이든]
```

I shall give you whatever you want.
; 나는 네가 원하는 모든 것을 너에게 줄 것이다.
Choose whichever book you would like to buy.
; 네가 사기를 원하는 어느 책이든지 선택해라.

```
* how 주어 동사 ....
* 어떻게 주어가 ~하는지
   주어가 ~하는 방법
```

Show me how you solved the difficult math problem.
; 네가 그 어려운 수학문제를 푼 방법을 나에게 보여다오.

How they have gotten to make friends with each other is a mystery.
; 어떻게 그들이 서로 사귀게 되었는지는 수수께끼이다.

제4장 명사절　**59**

* how 형용사 주어 be동사
  주어가 얼마나 어떠한지

I wonder how fast his speaking is.
나는 그가 말하는 것이 얼마나 빠른지 궁금하다.

* how 부사 주어 일반동사
  얼마나 어떠하게 주어가 ~하는지

I wonder how fast he speaks.
나는 그가 얼마나 빠르게 말하는지 궁금하다.

* whether 주어 동사 .... (or not)
  주어가 ~하는지 (아닌지)

* where 주어 동사 ....
* 어데서 주어가 ~하는지
  주어가 ~하는 곳

* when 주어 동사 ....
* 언제 주어가 ~하는지
  주어가 ~하는 때

* why 주어 동사 ....
* 왜 주어가 ~하는지
  주어가 ~하는 이유

> ☞ (간접의문문)이라는 문법용어는 의문사로 유도되는 명사절이라 하는 것이 맞을 것이다.

즉,
(어디서 그가 그녀를 만났느냐? : Where did he meet her?)라는 의문사 있는 의문문을
(어디서 그가 그녀를 만났는지 : where he met her)라는 명사절로 바꾼 것이기 때문이다.
- 의문문이 아니고 명사절인 것을 (간접의문문)이라는 용어를 사용하니까 학생들이 헷갈려 하는 것이다.

* 의문사 있는 의문문 : **의문사 동사 주어?**

Why were they so angry?
그들이 왜 그렇게 화가 났었니?

* 의문사로 유도되는 명사절: **의문사 주어 동사**

I wonder why they were so angry.
나는 그들이 왜 그렇게 화가 났었는지 궁금하다.
Do you know why they were so angry?
너는 그들이 왜 그렇게 화가 났었는지 아니?
Where she has been until now is a mystery.
그녀가 지금까지 어디에 있었는지는 수수께끼이다.
What I want to know is where she has been until now.
내가 알고 싶은 것은 그녀가 지금까지 어디에 있었느냐이다.
Do you know what makes our life happy?
너는 무엇이 우리의 인생을 행복하게 만드는지 아느냐?

※ **의문사 what과 who가 주어인 경우에는 의문문과 명사절의 어순이 똑같다.**

> ∗ (의문사 do you think 주어 동사 ..... ?)

※ 이 경우를 (yes, no)로 대답할 수 없는 의문문, 즉 의문사 있는 의문문이기 때문에 의문사를 앞에 써줘야 한다고 명확히 설명할 수 있으면 간단한 것이다.

> ∗ 의문사 do you think/ guess/ imagine 주어 동사 ?

<u>Why</u> do you think <u>they were so angry</u>?
너는 그들이 왜 그렇게 화가 났었다고 생각하니?

<u>Where</u> do you guess <u>he was yesterday</u>?
그녀가 어제 어디에 있었다고 생각하니?

<u>What</u> do you imagine <u>makes him so happy</u>?
무엇이 그를 그렇게 행복하게 만든다고 생각하니?

제5장
관계대명사로 유도되는 형용사절

☞ 보통문장에서 주어였던 명사를 선행사로 쓰게 되면, 관계대명사주격 [who/which/that]으로 유도되는 형용사절이 생긴다.

☞ 보통문장에서 목적어였던 명사를 선행사로 쓰게 되면, 관계대명사목적격[who(m)/which/that]으로 유도되는 형용사절이 생긴다. 관계대명사 목적격은 생략 가능하다.

※ 영문법상 목적어란 동사 뒤에 있는 명사인 동사의 목적어와 전치사 뒤에 있는 명사인 전치사의 목적어를 말한다는 것을 알아두어야 한다.

[보통문장]
그 소년은 길 위에서 새끼 새를 발견했다.
; The boy found a baby bird on the street.

(1) 주어였던 명사를 선행사로 쓴 경우
　(우리말); 길 위에서 새끼 새를 발견한 그 소년
　　　　(형용사절)　　　　　　(선행사)
　(영어); (선행사) + (형용사절)
　　　; the boy who found a baby bird on the street
　　　; the boy that found a baby bird on the street

(2) (동사의) 목적어였던 명사를 선행사로 쓴 경우
　　(우리말); 그 소년이 길 위에서 발견한 새끼 새
　　(영어); a baby bird which the boy found on the street
　　　; a baby bird that the boy found on the street
　　　; a baby bird the boy found on the street

(3) (전치사의) 목적어였던 명사를 선행사로 쓴 경우
　　(우리말); 그 위에서 그 소년이 새끼 새를 발견한 그 길
　　(영어); the street which[=that] the boy found a baby bird on
　　　; the street the boy found a baby bird on
　　　; the street on which the boy found a baby bird

※ (The street on that……)은 틀리는 표현이다. 전치사 바로 뒤에 관계대명사 that을 쓰지 못한다.

☞ 위에서 본 것처럼 (주어 동사 …….)으로 이루어져있는 (보통문장의 순서)를 잘 알고 있으면, 관계대명사 주격이나 목적격으로 유도되는 형용사절을 쉽게 만들 수 있다는 것을 알 수 있다.

(정리)

| 1. 선행사 (who/which/that 동사(~) ······)
　 : (······ ~하는) 선행사 |

* 길이가 2메터가 넘는 사다리
 (형용사절)　　　　(선행사)
 ; a ladder which is over 2 meters long

2. (1) 선행사 (who(m)/which/that) 주어 동사 .....)
   　　　　　　(목적어가 빠진 문장)
   = 선행사 (주어 동사 ......)
   ; (주어가 .... ~하는) 선행사

* 그가 나에게 보여준 그의 옛날 사진들
; his old pictures that he showed me
* the story we found true
; 우리가 사실이라고 알게 된 이야기

(2) 선행사 전치사 관계대명사 주어 동사 ...
   = 선행사 주어 동사 .... 전치사

※ 우리나라 사람들은 전치사의 목적어라는 용어를 쓰는 데에 익숙하지 않아서 이 구조에 특히 약하니까, 잘 연습해두어야 한다.
   * the house behind which the man met the woman last night
   ; 그 뒤에서 그 남자가 그 여자를 어제 밤에 만난 그 집

※ **위에서 (behind which)를 (그 뒤에서)라고 해석해야 하는 것을 주의해야 한다. 만약 (near which)이면 (그 근처에서), (in which)이면 (그 안에서)라는 뜻이 된다.**

* the house near which the man met her
   ; 그 근처에서 그 남자가 그녀를 만난 그 집
* the house in front of which he met her
   ; 그 앞에서 그가 그녀를 만난 그 집
* 선행사 by whom 주어 동사 ....
   ; 그(녀)에 의해 주어가 ..... ~하는 선행사
* 선행사 with which 주어 동사 ....
   ; 그것을 가지고 주어가 ..... ~하는 선행사

- This is the travel guidebook that is really useful.
 ; 이것이 정말 유용한 여행 지침서이다.

- This is the travel guidebook I was recommended to read.
 ; 이것이 내가 읽도록 추천받은 여행지침서이다.

- This is the only travel guidebook I was recommended to read which is really useful.
 ; 이것이 내가 읽도록 추천받은 정말 유용한 유일한 여행 지침서이다.

- Money is the thing without which we can't live.
 ; 돈은 그것 없이는 우리가 살 수 없는 것이다.

- Look at the picture of the forest through which we marched for three days.
 ; 그것을 통해서 우리가 삼 일간 행군한 숲의 사진을 보아라.

- The mechanic on whom we depend to finish the job is very skillful and careful.
 ; 그 일을 끝마치기 위해 그에게 우리가 의존하고 있는 그 기술자는 매우 능숙하고 조심스럽다.

- This very moment is a seed from which the flowers of tomorrow's happiness grow.
 ; 바로 이 순간이 그것으로 부터 내일의 행복의 꽃이 자라나는 씨앗이다.

3. (whose 명사)는 (선행사의 무엇)이라는 뜻으로 관계대명사 주격 또는 목적격자리를 차지 할 수 있다.

the man who helped us
; 우리를 도와 준 그 남자
the man whose son helped us
; 그의 아들이 우리를 도와준 그 남자

the man who I met last night
; 내가 어제 밤에 만난 그 남자
the man whose son I met last night
; 그의 아들을 내가 어제 밤에 만난 그 남자

※ (whose)를 (선행사의) 라고 해석할 때, 대명사로 해석하는 것이 좋다. 즉, 그의/ 그녀의/ 그것의/ 그들의 등으로 해석한다.

☞ 선행사 whose 명사 동사(~) ....
  : [그의/그녀의/그것의/그들의] 무엇이 ..... ~하는 선행사

☞ 선행사 whose 명사 주어 동사(~)....
  : [그의/그녀의/그것의/그들의] 무엇을 주어가 ..... ~하는 선행사

* the man whose son helped the boy
  (선행사)   (형용사절)
  ; 그의 아들이 그 소년을 도와준 그 남자
  (The man's son helped the boy.)라는 문장의 주어부분에서 the man 이 선행사로 가고 the man's 가 whose로 바뀐 것이다.

* the man whose son I met last night
   ; 그의 아들을 내가 어제 밤에 만난 그 남자
   (I met the man's son last night.)라는 문장의 목적어 부분에서 the man 이 선행사로 가고 the man's 가 whose로 바뀐 것이다.)

* the man whose son saved the dog
   ; 그의 아들이 그 개를 구해 준 그 남자

* the man whose son I saved last night
   ; 그의 아들을 내가 어제 밤에 구해 준 그 남자

* the man with whose son I work here
   ; 그의 아들과 함께 내가 이곳에서 일하는 그 남자

(참고) 선행사가 사물인 경우는 (whose 명사)를 (of which the 명사) 또는 (the 명사 of which)로 바꿔 쓸 수가 있다.

Look at the dog whose tail is very long.
= Look at the dog of which the tail is very long.
= Look at the dog the tail of which is very long.

** 관계대명사로 유도되는 형용사절을 만들기는 사실상 아주 간단한 이론에 의해 만들어 쓸 수 있지만, 영어문장이 길어지는 데에 있어서 가장 많이 나오고, 앞에서 본 것처럼 우리말과 순서가 다르기 때문에, 우리나라 사람들이 영어공부 할 때에 가장 애를 먹는 부분이기도 하다.
이것을 극복하기위해 첫째로, 평상시에 (주어 동사 목적어 전치사 명사)의 순서로 되어있는 평범한 보통문장의 순서에 익숙해지도록 애써야 하고, 둘째로, 우리말의 순서와는 반대인 (선행사) + (형용사절)의 순서를 만드는 연습을 하면 아주 쉬워질 수 있는 것이다.

제6장 부사절을 유도하는 접속사

※ 부사절이란 종속절 중에 명사절과 형용사절을 제외한 나머지 전부라고 생각하면 된다. 즉, 종속절이 문장 속에서 그 문장의 주어, 목적어, 보어 역할을 하면, 명사절이고, 앞에 있는 선행사를 꾸며주면 형용사절, 나머지 모두가 부사절이라 하는 것이다.

(1) (때)를 나타내는 부사절

* when 주어 동사 .....
  주어가 ~할 때에

* as 주어 동사 .....
  주어가 ~할 때에

* while 주어 동사 .....
  주어가 ~하는 동안

* before 주어 동사 .....
  주어가 ~하기 전에

* after 주어 동사 .....
  주어가 ~하고 나서

* until[till] 주어 동사 .....
  주어가 ~할 때까지

* since 주어 동사 .....
  주어가 ~한 이래로 (지금까지)

* as soon as [the moment] 주어 동사 .....
  주어가 ~하자마자

* as long as 주어 동사 ....
  주어가 ~하는 한

* every time 주어 동사 .....
  주어가 ~할 때마다

* by the time 주어 동사 ....
  주어가 ~할 때까지는

* once 주어 동사 ....
  일단 주어가 ~할 때는 [~하면]

☞ (때)를 나타내는 부사절속에서는 미래사실을 (will ~)이 아니라 현재형으로 써야만 한다는 것 명심

* 그가 곧 돌아올 것이다; He will come back soon.
* 그가 돌아올 때에, 우리는 토의를 시작할 것이다; When he comes back, we will start the discussion.

☞ (때)를 나타내는 부사절에서 조심해야 할 구문

※ (곧 주어가 ~할 것이다)
* Soon 주어 will ~
= It will not be long before 주어 현재형

It will not be long before she comes to know the truth.
곧 그녀가 진실을 알게 될 것이다.
* come to ~ ; ~하게 되다

※ (until 이하 하고 나서야, 주어가 ~한다)
* 주어 부정형동사 until ......
= It is not until ..... that 수어 긍정형동사
= Not until .... 긍정형동사 주어

We don't recognize the value of health until we lose it.
우리는 그것(건강)을 잃고 나서야 건강의 가치를 인식한다.

= It is not until we lose health that we recognize the value of it.
= Not until we lose health do we recognize the value of it.

※ (Ⓐ가 ~하자마자 Ⓑ가 ~했다)
　* As soon as Ⓐ 과거형... , Ⓑ 과거형 ... .
　* Ⓐ had no sooner ~ed than Ⓑ ~ed
　　　　　　　　　　(과거분사)　　　　(과거형)
= No sooner had Ⓐ ~ed than Ⓑ ~ed

= Ⓐ had hardly ~ed when Ⓑ ~ed
　　　　　　　　　(과거분사)　　　　(과거형)
= Hardly　had Ⓐ ~ed when Ⓑ ~ed
　(Scarcely)　　　　　　(before)

As soon as he got to the station, the train started.
= He had no sooner got to the station than the train started.
　그가 역에 도착하자마자 기차가 출발했다.
= No sooner had he got to the station than the train started.
= Scarcely had he got to the station when the train started.

Hardly had the game begun before it started raining.
= The game had scarcely begun when it started raining.
　경기가 시작하자마자 비가 내리기 시작했다.

(2) 〈조건〉의 부사절

* if 주어 동사 ....
  만약 주어가 ~한다면
* unless 주어 동사 ....
  만약 주어가 ~하지 않는다면
* in case 주어 동사 ....
  주어가 ~하는 경우에는
* as long as 주어 동사 ....
  주어가 ~하는 한
* suppose [supposing] 주어 동사 ....
  만약 주어가 ~한다면
* provided [providing] 주어 동사 ....
  만약 주어가 ~한다면

☛ 〈조건〉를 나타내는 부사절 속에서는 미래사실을 (will ~)이 아니라 현재형으로 써야만 한다는 것 명심
  If it rains tomorrow, we won't go on a picnic.

- Unless the government agrees to give extra money, the school will have to close.
  ; 만약 정부가 추가 자금을 지원하는 데에 동의하지 않는다면, 그 학교는 폐쇄되어야만 할 것이다.
- Our profits will be good as long as the dollar remains strong.
  ; 달러가 강세를 유지하는 한, 우리의 이익은 좋을 것이다.
- Provided (that) there is no opposition, the meeting will be held here next Tuesday.
  ; 반대가 없다면, 회의는 다음 화요일에 이곳에서 열릴 것이다.

(3) (원인, 이유)의 부사절

* because 주어 동사 ....=as 주어 동사...=since 주어 동사...
  주어가 ~하기 때문에
* now that 주어 동사 ...
  이제 주어가 ~하니까
* <u>for 주어 동사 ....</u>
  왜냐하면 주어가 ~하기 때문이다
- Now that you're here, why not stay for dinner?
  여기 오신김에, 저녁식사나 하고 가시지요.
- She must be happy, for she is dancing.
  그녀가 행복한게 틀림없다, 왜냐하면 춤을 추고 있으니까.

(4) (목적, 결과)의 부사절

* so that 주어 동사 ....= in order that 주어 동사...
  주어가 ~하기 위하여

* so 형용사/부사 that 주어 동사 ....
  매우 어떠해서 주어가 ~한다
* so 형용사 a 명사 that 주어 동사 ....
  = such a 형용사 명사 that 주어 동사
  매우 어떠한 무엇이어서 주어가 ~한다
- I packed him a little food so that he wouldn't get hungry.
  나는 그가 허기지지 않도록 하기 위해 그에게 음식을 싸주었다.
- He is so stupid that he believes all the new from TV.
  = He is such a stupid man that he believes all the news from TV.
  그는 아주 멍청해서 TV에서 나오는 모든 뉴스를 믿는다.

(5) (양보, 대조)의 부사절

* (al)though 주어 동사 ....
= even though[even if] 주어 동사 ....
　비록 주어가 ~할지라도

* whether 주어 동사 .... or not
　주어가 ~하든지 아니든지 간에

> * 형용사/부사/명사 as 주어 동사 ....
> 　비록 주어가 어떠할지라도 [무엇일지라도]

- Rich as he is, I can't love him.
- Woman as she was, she had the ability to handle a lot of wild men.
　; 비록 그녀가 여자였지만, 그녀는 많은 거친 남자들을 다룰 수 있는 능력을 가지고 있었다.

* <u>however 형용사 주어 be동사 ....</u>
　<u>아무리 주어가 어떠할지라도</u>

* <u>however 부사 주어 동사 ....</u>
　<u>아무리 어떠하게 주어가 ~할지라도</u>

- I won't accept their offer, however favorable the conditions are.
　그 조건들이 아무리 호의적일지라도, 나는 그들의 제안을 받아들이지 않을 것이다.
- We'll have to finish it, however long it takes.
　아무리 오래 걸릴지라도, 우리는 그것을 끝마쳐야만 할 것이다.

* whenever 주어 동사 ....
  언제 주어가 ~할지라도

* wherever 주어 동사 ....
  어디서 주어가 ~할지라도

* whoever 주어 동사 ....
  누구를 주어가 ~할지라도

* whatever 주어 동사 ....
  무엇을 주어가 ~할지라도

* 양보의 부사절을 유도하는
  의문사ever 주어 동사
  = No matter 의문사 주어 동사 ....

- Whenever and wherever you go, I'll follow you.
  ; 언제 어디로 당신이 갈지라도, 나는 당신을 따를 겁니다.
- Whoever it is, I don't want to see him.
  ; 누구던지 간에, 나는 그를 보고 싶지 않다.
- Whatever I suggest, he always disagrees.
  ; 내가 무엇을 제안하더라도, 그는 항상 동의하지 않는다.
- The building must be saved, whatever the cost is.
  ; 비용이 얼마이든지 간에, 그 건물은 보존되어야 한다.

(6) (양태)의 부사절

* (just) as 주어 동사 ....
  (바로) 주어가 ~하는 것처럼

* as 주어 동사 ...., so 주어 동사 ....
  주어가 ~하는 것처럼, 그렇게 주어가 ~한다

- As you sow, so you will reap.
  네가 뿌린 만큼, 너는 거둘 것이다.(인과응보)

* as if 주어 동사 .... = as though 주어 동사....
  마치 주어가 ~하는 것처럼

- I couldn't move my legs. It was as if they were stuck to the floor.
  나는 발을 움직일 수가 없었다. 마치 그것들이 마루바닥에 붙어있는 것 같았다.

* just the way 주어 동사 ....
  바로 주어가 ~하는 방식으로

- Try to solve the problem just the way I have taught you.
  바로 내가 너에게 가르쳐준 방식으로 그 문제를 풀려고 애써 봐라.

✱✱ [부사절을 유도하는 접속사](암기사항)

* 1. when 주어 동사 .....
* 2. as 주어 동사 .....

* 3. while 주어 동사 .....

* 4. before 주어 동사 .....
* 5. after 주어 동사 .....
* 6. until[till] 주어 동사 .....
* 7. since 주어 동사 .....

* 8. as soon as 주어 동사 .....
* 9. as long as 주어 동사 ....
* 10. every time 주어 동사 .....
* 11. by the time 주어 동사 ....
* 12. once 주어 동사 ....

* 13. Soon 주어 will ~
= It will not be long before 주어 현재형

* 14. Ⓐ had no sooner ~ed [과거분사]
 than Ⓑ ~ed [과거형]
= No sooner had Ⓐ ~ed than Ⓑ ~ed

* 1. 주어가 ~할 때에
* 2. ①주어가 ~할 때에
 ②주어가 ~하는 것처럼
 ③주어가 ~함에 따라
 ④주어가 ~하기 때문에
* 3. ① 주어가 ~하는 동안
 ②주어가 ~하는 반면에 /
 반면에 주어가 ~한다.
* 4. 주어가 ~하기 전에
* 5. 주어가 ~하고 나서
* 6. 주어가 ~할 때까지
* 7. ①주어가 ~한 이래로 (지금까지)
 ②주어가 ~하기 때문에
* 8. 주어가 ~하자마자
* 9. 주어가 ~하는 한
* 10. 주어가 ~할 때마다
* 11. 주어가 ~할 때까지는
* 12. 일단 주어가 ~할 때는 [~하면]

* 13. (곧 주어가 ~할 것이다)

* 14. (Ⓐ가 ~하자마자 Ⓑ가 ~했다)
※ [no sooner] 대신에
[hardly 또는 scarcely]를 쓰는 경우에는 [than]대신 [before 또는 when]을 써야한다.

* 15. if 주어 동사 ....
* 16. unless 주어 동사 ....
* 17. in case 주어 동사 ....

* 18. suppose [supposing] 주어 동사
* 19. provided [providing] 주어 동사
* 20. so (that) 주어 동사 ....

* 21. in order that 주어 동사 ....
* 22. lest 주어 should ~

* 23.
  ① be so 형용사 that 주어 동사 ....
  ② 일반동사 so 부사 that 주어 동사 ....
* 24. so 형용사 a 명사 that 주어 동사 ....
* 25. such a 형용사 명사 that 주어 동사

* 26. because 주어 동사 ....

* 27. now that 주어 동사 ....

* 28. seeing that 주어 동사 ....

* 29. 주어 동사, for 주어 동사 ....

* 30. as 주어 동사...., so 주어 동사 ....

* 15. 만약 주어가 ~한다면
* 16. 만약 주어가 ~하지 않는다면
* 17. 주어가 ~하는 경우에는

* 18. 만약 주어가 ~한다면
* 19. 만약 주어가 ~한다면
* 20. ①주어가 ~하기 위하여
      ②그래서 주어가 ~한다
* 21. 주어가 ~하기 위하여
* 22. 주어가 ~하지 않도록 하기 위하여

* 23.
  ① 매우 어떠해서 주어가 ~한다
  ② 매우 어떠하게 ~해서 주어가 ~한다
* 24. 매우 어떠한 무엇이어서 주어가 ~한다
* 25. 매우 어떠한 무엇이어서 주어가 ~한다

* 26. 주어가 ~하기 때문에 /
      왜냐하면 주어가 ~하기 때문이다
* 27. 이제 주어가 ~하니까

* 28. 주어가 ~하는 것을 보니까

* 29. 주어가 ~한다, 왜냐하면 주어가 ~하기 때문이다

* 30. 주어가 ~하는 것처럼, 그렇게 주어가 ~한다

제6장 부사절을 유도하는 접속사

* 31. as if 주어 동사 ....　　　　　* 31. 마치 주어가 ~하는 것처럼
* 32. just the way 주어 동사 ....　　* 32. 바로 주어가 ~하는 방식으로

* 33. though 주어 동사 ....　　　　* 33. 비록 주어가 ~할지라도
* 34. although 주어 동사 ....　　　* 34. 비록 주어가 ~할지라도
* 35. even though 주어 동사 ....　 * 35. 비록 주어가 ~할지라도
* 36. even if 주어 동사 ....　　　　* 36. 비록 주어가 ~할지라도

* 37. whether 주어 동사.... or not　* 37. 주어가 ~하든지 아니든지 간에

* 38. 형용사 as 주어 be동사 ....　　* 38. 비록 주어가 어떠할지라도
* 39. 부사 as 주어 일반동사 ....　　* 39. 비록 주어가 어떠하게 ~할지라도
* 40.. 명사 as 주어 be동사 ....　　 * 40. 비록 주어가 무엇일지라도

* 41. however 형용사 주어 be동사 ....　* 41. 주어가 아무리 어떠할지라도
* 42. however 부사 주어 일반동사 ....　* 42. 주어가 아무리 어떠하게 ~할지라도

* 43. whenever 주어 동사 ....　　　* 43. 언제 주어가 ~할지라도
* 44. wherever 주어 동사 ....　　　* 44. 어디서 주어가 ~할지라도
* 45. whoever 주어 동사 ....　　　　* 45. 누구를 주어가 ~할지라도
* 46. whoever 동사 ....　　　　　　* 46. 누가 ~할지라도
* 47. whatever 주어 동사 ....　　　* 47. 무엇을 주어가 ~할지라도
* 48. whatever 동사 ....　　　　　　* 48. 무엇이 ~할지라도
* 49. No matter 의문사 주어 동사 .... * 49. 의문사ever 주어 동사

제7장
준동사 관련 필수 암기사항

1. (주어인 명사적 to ~)가 있는 문장.

☞ To ~........ is 형용사.
  = It is 형용사 to ~ ... .
  ; .... ~하는 것은 어떠하다 .
- To wear boots would be safe.
= It would be safe to wear boots.
  ; 장화를 신는 것이 안전할 것이다.

☞ To ~........ is 명사.
  = It is 명사 to ~ ... .
  ; .... ~하는 것은 무엇이다.
- To serve with the colors is a duty for young men in our country.
− It is a duty for young men in our country to serve with the colors.
  ; 군 복무하는 것이 우리나라에 있는 젊은 남자들에게 의무이다.

2. (주격보어인 명사적 to ~)가 있는 문장.

☞ 주어 is to ~ ....
  ; 주어는 ...... ~하는 것이다.
- His goal for this year is to grow at least 15cm
  ; 올해의 그의 목표는 최소한 15cm 크는 것이다.

3. (목적어인 명사적 to ~)가 있는 문장.

(1) (동사 to ~ ......)일 때의 동사를 to ~ 를 목적어로 하는 동사라 하고, 그 동사와 to ~를 함께 암기해 두어야 한다.

want to ~ ; ~하기를 원하다
agree to ~; ~하는 데에 동의하다
choose to ~; ~하기로 마음먹다
decide to ~; ~하기로 결정하다
expect to ~; ~하기를 기대하다
fail to ~; ~하지 못하다
hope to ~; ~하기를 희망하다
learn to ~; ~하는 것을 배우다
plan to ~; ~하려고 계획하다
wish to ~; ~하기를 바라다
pretend to ~; ~하는 척하다
manage to ~; 애써서 ~해내다
promise to ~; ~하기로 약속하다
would like to ~; ~하기를 원하다
refuse to ~; ~하는 것을 거절하다
intend to ~; ~하려고 의도하다
.... 등등

- They decided to start as early as possible the next morning.
  ; 그들은 다음날 아침에 가능한 일찍 출발하기로 결정했다.
- She pretended not to know me when we met in the street.
  ; 그녀는 우리가 길에서 만났을 때에 나를 알지 못하는 척했다.

> **(2) (동사 it 형용사/명사 to ~)일 때의 it를 가목적어 it, to ~ 를 진 목적어인 명사적 to ~ 라 한다.**

  * make it   형용사   to ~
  ; ~하는 것을 어떠하게 만들다
  * make it   명사   to ~
  ; ~하는 것을 무엇으로 만들다

  * think it   형용사   to ~
  ; ~하는 것이 어떠하다고 생각하다
  * think it   명사   to ~
  ; ~하는 것이 무엇이라고 생각하다

  * find it   형용사   to ~
  ; ~하는 것이 어떠하다는 것을 알게 되다
  * find it   명사   to ~
  ; ~하는 것이 무엇이라는 것을 알게 되다

- The heavy rain made it impossible to finish the game.
  ; 폭우는 경기를 끝마치는 것을 불가능하게 만들었다.
- I think it a very bad habit to speak ill of those who are not present.
  ; 나는 자리에 없는 사람들을 헐뜯는 것이 매우 나쁜 버릇이라고 생각한다.
- She finally found it her duty to support the family.
  ; 그녀는 마침내 가족을 부양하는 것이 그녀의 의무라는 것을 알게 되었다.

4. (동사 Ⓐ to ~)의 형태에서 to ~를 목적격보어인 명사적 to ~라 하고, 그 형태가 쓰이는 문장이 대단히 많기 때문에 잘 암기해 두어야 한다.

* want Ⓐ to ~ ; Ⓐ가 ~하기를 원하다
* tell Ⓐ to ~ ; Ⓐ에게 ~하라고 말하다
* allow Ⓐ to ~; Ⓐ가 ~할 수 있게 하다
* expect Ⓐ to ~; Ⓐ가 ~하기를 기대하다
* advise Ⓐ to ~ ; Ⓐ에게 ~하라고 충고하다
* order Ⓐ to ~ ; Ⓐ에게 ~하라고 지시하다
* encourage Ⓐ to ~ ; Ⓐ에게 ~하라고 권장하다
* ask Ⓐ to ~ ; Ⓐ에게 ~해달라고 요청하다
* get Ⓐ to ~ ; Ⓐ가 ~하도록 하다
* enable Ⓐ to ~; Ⓐ가 ~하는 것을 가능하게하다
* persuade Ⓐ to ~; Ⓐ가 ~하도록 설득하다
   .... 등등

- Tom asked me to take care of his cat while he went on a trip.
    ; Tom은 나에게 그가 여행가 있는 동안 그의 고양이를 돌보아 달라고 요청했다.
- You had better not advise the youngsters not to smoke lest you shoud be attacked by them.
    ; 당신은 당신이 그들에게 공격당하지 않기 위해 그 아이들에게 담배 피우지 말라고 충고하지 않는 것이 좋다.
- He encouraged me to apply for the job.
    ; 그는 나에게 그 일자리에 지원해 보라고 격려해 주었다.
- I'll try to persuade him not to offend her.
    ; 나는 그가 그녀의 마음을 상하게 하지 않도록 설득하려고 애쓸 것이다.

5. (의문사 to ~ .....)의 형태는 (의문사 주어 should ~ .....)의 형태로 흔히 바꾸어 쓸 수 있고, (명사구)역할을 한다.

* how to ~ ; ~해야 하는 방법, 어떻게 ~해야 하는지
* when to ~ ; ~해야 할 때, 언제 ~해야 하는지
* where to~ ; ~해야 할 곳, 어데서 ~해야 하는지
* what to ~ ; ~해야 할 것, 무엇을 ~해야 하는지
* who to ~ ; ~해야 할 누구, 누구를 ~해야 하는지
* whether to ~ ; ~해야 할지 말지

- Please show me how to solve the matter.
= Please show me how I should solve the matter.
- I haven't decided where to meet her tommorrow.
  ; 나는 내일 그녀를 어디에서 만나야 할지를 결정하지 못했다.
- I found it difficult to tell my daughter when to turn the oven off.
  ; 나는 딸에게 언제 오븐을 꺼야 하는지를 말해주는 것이 어렵다는 것을 알게 되었다.
- Please tell me what to buy for my parents on Parents' day.
  ; 어버이날에 부모님들을 위해 무엇을 사야 하는지를 나에게 말해줘요.
- The boss is thinking over who to appoint as manager.
  ; 사장은 누구를 관리자로 임명해야 하는지를 숙고 중이다.
- The question is whether to go or stay.
  ; 문제는 갈 것이냐 아니면 머물러 있어야 하느냐이다.

> **6.** (형용사적 to ~)란 어떤 명사 뒤에서 그 명사를 꾸며주는 형용사 역할을 하는 to ~를 말하며, 우리말로는 대개 (~할, ~할 수 있는, ~하기 위한)의 뜻으로 쓰인다.

- He is the only person to help you in need.
  ; 그는 네가 곤란할 때에 너를 도와줄 수 있는 유일한 사람이다.

> ※ 꾸며지는 명사가 형용사적 to ~의 (의미상 목적어)일 때는, 형용사적 to~..... 끝에 전치사가 남아 있어야 하는지 아닌지를 잘 파악할 수 있어야 한다.

- I need a pen to use.
    (* use a pen)
  ; 나는 사용할 펜이 필요하다.

- I need a pen to write with.
    (* write with a pen)
  ; 나는 가지고 쓸 펜이 필요하다.

- I have nothing to write about.
  ; 나는 쓸 거리[주제]가 없다.

- I wan to have true friends to talk with when I'm in trouble.
  ; 나는 내가 어려움에 처했을 때 함께 이야기할 수 있는 진정한 친구들을 갖고 싶다.

7. (부사적 to ~)란 명사적 용법과 형용사적 용법을 제외한 나머지 용법을 말한다.

(1) (목적을 나타내는 부사적 to ~)
   ; (~하기 위하여)
   = in order to ~ = so as to ~

- I just called you to say I love you.
   ; 나는 내가 당신을 사랑한다고 말하기 위해 전화 했던 겁니다.
- I turned off the TV so as not to disturb her.
   ; 나는 그녀를 방해하지 않기 위해 TV를 껐다.

cf. {
* so as to ~ ; ~하기 위하여 (목적)
* so 형용사 (부사) as to~
 ; 매우 어떠해서 ~하게 되다 (결과)
}

He studied hard so as to pass the exam.
그는 시험에 합격하기 위해 열심히 공부했다.
(= He studied hard so that he could pass the exam.)

He studied so hard as to pass the exam.
 그는 아주 열심히 공부해서 시험에 합격했다.
(= He studied so hard that he could pass the exam.)

(2) (감정의 원인)을 나타내는 부사적 to ~ ; (~하게 되어, ~하고서)

☞ (be + 감정 표현의 형용사 + to ~)
* be sorry to ~; ~하게 되어 미안하다
* be happy to ~; ~하게 되어 기쁘다
* be sad to ~; ~하게 되어 슬프다
* be surprised to ~; ~하고서 놀라다
* be disappointed to ~; ~하고서 실망하다

- They were very happy to hear the news of his survival.
  ; 그들은 그의 생존에 대한 소식을 듣고 매우 기뻤다.
- I was disappointed to see the unexpected result of the experiment.
  ; 나는 그 실험의 예상치 못한 결과를 보고 실망했다.

(3) (판단의 근거)를 나타내는 부사적 to ~ ; (~하다니, ~하는 것을 보니)

* must be 명사 [형용사] to ~
  ; ~하다니 무엇임에 [어떠함에] 틀림없다
* cannot be 명사 [형용사] to ~
  ; ~하는 것을 보니 무엇일리 [어떠할 리]가 없다
* (감탄문) ... to ~ !
  ; ~하다니 참 어떠하구나 !

- He cannot be bright to believe such nonsense.
  ; 그런 말도 안 되는 것을 믿다니 그가 똑똑할 리가 없다.

- She must be out of her mind to act in that way.
  ; 그런 식으로 행동하다니 그녀는 정신이 나간 것이 틀림없다.

- What a fool I was to think she really loved me !
  ; 그녀가 나를 정말로 사랑한다고 생각하다니 나는 정말 바보였구나!

(4) (결과)를 나타내는 부사적 to ~ ; (~하게 되다)

* grow up to ~ ;자라서 ~하게 되다
* wake up to ~ ;잠에서 깨어 ~하게 되다
* , only to ~ ; 그러나 결국 ~하게 되다
* , never to ~ ; 그러나 결코 ~할 수 없게 되다
* live to ~ ; 살아서 ~하게 되다
* manage to ~ ; 애써서 ~해내다
* come to ~ = get to ~ ; ~하게 되다

- He woke up next morning to find him famous.
  ; 그는 다음날 아침 잠에서 깨어 그가 유명해진 것을 알게 되었다.
- She studied so hard, only to fail in the exam again.
  ; 그녀는 아주 열심히 공부했다, 그러나 결국 다시 시험에 실패했다.
- He lived to see his great-grandson.
  ; 그는 살아서 그의 증손자를 보게 되었다.
- I finally managed to find what I had neen looking for.
  ; 나는 마침내 내가 찾고 있던 것을 발견하게 되었다.

(5) (형용사를 꾸며주는) 부사적 to ~ ; (~ 하기에는)

※ 형용사를 꾸며주는 부사적 to ~ 가 있는 문장의 주어는 흔히 to ~ 의 의미상 목적어 이므로, to ~ 뒤에 전치사가 남아 있어야하는지 아닌지에 주의를 기울여야 한다.

English is easy to learn.
(= It is easy to learn English.)
영어는 배우기에 쉽다.
(= 영어를 배우는 것은 쉽다.)

He is impossible to deceive.
(= It is impossible to deceive him)
그는 속이기가 불가능하다.
(그를 속이는 것은 불가능하다)

He is comfortable to work with.
(= It is comfortable to work with him)
그는 함께 일하기에 편안하다.
(그와 함께 일하는 것은 편안하다.)

The river is dangerous to swim in.
그 강은 수영하기에는 위험하다.

Julie is quite hard to get along with.
Julie는 함께 어울리기에 아주 어렵다.

(6) 관용적으로 암기해두어야 하는 (be 형용사 to ~)의 구조

* be sure to ~ ; ~할 것이 확실하다
* be likely to ~ ; ~할 가능성이 있다
* be free to ~ ; 자유롭게 ~할 수 있다
* be apt to ~ ; ~하기 쉽다, ~하는 경향이 있다.
* be anxious to ~ ; ~하기를 갈망하다
* be willing to ~ ; 기꺼이 ~하다

- He is likely to come back tomorrow.
(= It is likely that he will come back tomorrow.)
  ; 그가 내일 돌아 올 것 같다.

- You are free to go anywhere.
  ; 너는 자유롭게 어디에나 갈 수 있다.

- We are apt to see the world from our particular point of view.
  ; 우리는 우리의 특정한 관점에서 세상을 보는 경향이 있다.

- We are all anxious to know the truth of the scandal.
  ; 우리 모두는 그 스캔들의 진상을 알기를 갈망하고 있다.

- I'm always willing to help you in need.
  ; 나는 필요할 때에 항상 기꺼이 당신을 도울 것입니다.

> **(7). (부사 too 와 enough 를 꾸며주는) 부사적 to ~**
> **; (~하기에는, ~할 수 있을만큼)**

  * too 형용사 to ~
    ; ~하기에는 너무나 어떠한
  (= so 형용사 that 주어 cannot ~)

  * 형용사 enough to ~
    ; ~할 수 있을 만큼 충분히 어떠한
  (= so 형용사 that 주어 can ~)

- She was smart enough to solve it.
= She was so smart that she could solve it.
   ; 그 여자는 그것을 해결할 수 있을 만큼 충분히 똑똑했다.
= 그 여자는 아주 똑똑해서 그녀는 그것을 해결할 수 있었다.

> ※ 다음의 문장 바꿔 쓰기에서 조심해야 할 것은, 만약 문장의 주어가 (to ~) 의 의미상 목적어인 경우에는, (to ~)에 목적어를 써서는 안 된다는 것과, 복문(=종속절이 있는 문장)에서는 종속절에 완전한 문장이 있어야 하므로, 목적어가 쓰여 져야 하는 것을 명심해야 한다.

- The problem is too difficult for me to solve.
= The problem is so difficult that I can't solve it.
   ; 그 문제는 내가 풀기에는 너무 어렵다.
= 그 문제는 아주 어려워서 내가 그것을 풀 수가 없다.

- The books are easy enough for children to read.
= The books are so easy that children can read them.
   ; 그 책들은 아이들이 읽을 수 있을 만큼 충분히 쉽다.
= 그 책들은 아주 쉬워서 아이들이 그것들을 읽을 수가 있다.

(8). (조건)을 나타내는 부사적 to ~; ~한다면

* To ~....., 주어 will ~
  = If 주어 현재형, 주어 will ~
* To ~....., 주어 would ~
  = If 주어 과거형, 주어 would ~

- To look at her lovely smile, anyone will fall in love with her at once.
= If anyone looks at her lovely smile, he will fall in love with her at once.
  ; 그녀의 사랑스러운 미소를 본다면, 누구나 즉시 그녀에게 반할 것이다.

- To hear him speak English, you would take him for a native English speaker.
= If you heard him speak English, you would take him for a native English speaker.
  ; 만약 그가 영어를 말하는 것을 듣는다면, 너는 그를 원어민 영어 사용자로 착각할 것이다.

- You would be foolish to spend money on something you can't afford.
  ; 너는 네가 감당할 수 없는 어떤 것에 돈을 쓴다면 어리석을 것이다.

- I would really be glad to have the chance to meet her face-to-face
  ; 내가 그녀를 직접 만날 수 있는 기회를 가질 수 있다면 정말 기쁠 것이다.

- To see the scene once, you would never forget it.
  ; 그 장면을 일단 보게 되면, 너는 그것을 결코 잊지 못할 것이다.

(9). 독립부정사 (to ~의 관용적 표현)

* to tell the truth; 사실대로 말하자면
* to make matters worse;설상가상격으로
* to be sure; 확실히
* to begin with; 무엇보다도, 우선
* to be frank with you;솔직히 말하자면
* so to speak; 이른바, 소위
* to do Ⓐ justice; Ⓐ에 대해 공정하게 말해서
* strange to say; 이상한 이야기지만
* not to mention Ⓐ = to say nothing of Ⓐ
  = not to speak of Ⓐ = let alone Ⓐ;
  Ⓐ는 말할 것도 없이

- To tell the truth, they got married not because they really loved each other, but because they needed one another financially.
  ; 사실대로 말하자면, 그들은 서로를 진정으로 사랑했기 때문이 아니라, 경제적으로 서로를 필요로 했기 때문에 결혼했다.

- The car broke down when I was driving home from work, and to make matters worse, it began to rain cats and dogs.
  ; 내가 직장에서 집으로 차를 몰고 가는 중에 차가 고장이 났다. 그런데 설상가상격으로 비가 세차게 오기 시작했다.

- To do him justice, he's a fairly devoted teacher rather than a strict one.
  ; 그에 대해 공정히 말한다면, 그는 엄격한 교사라기보다는 상당히 헌신적인 교사이다.

8. 목적격 보어 자리에 to ~가 아니라 동사원형을 써야 하는 중요한 구문

* make Ⓐ ~ ; Ⓐ에게 ~하도록 시키다
  (be made to ~ ; ~하도록 지시받다)

* have Ⓐ ~ ; Ⓐ에게 ~하도록 하다

* let Ⓐ ~ ; Ⓐ가 ~하도록 내버려두다

* see Ⓐ ~ ; Ⓐ가 ~하는 것을 보다
  (be seen to ~ ; ~하는 것이 목격되다)

* hear Ⓐ ~ ; Ⓐ가 ~하는 것을 듣다
  (be heard to ~ ; ~하는 것이 들려지다)

* feel Ⓐ ~ ; Ⓐ가 ~하는 것을 느끼다
  (be felt to ~ ; ~하는 것이 느껴지다)

The teacher made us clean the classroom.
(= We were made to clean the classroom.)
선생님은 우리에게 교실을 청소하라고 지시하셨다.
(= 우리는 교실을 청소하도록 지시받았다.)

We felt the house shake a little for a while.
(= The house was felt to shake a little for a while.)
우리는 집이 잠시 동안 약간 흔들리는 것을 느꼈다.
(= 집이 잠시 동안 약간 흔들리는 것이 느껴졌다.)

9. 완료부정사(to have ~ed)는 앞에 있는 동사 (즉, 주절의 동사)보다 한 시제 앞선 시제를 나타내는 것이고, 우리말로는 언제나 (~했다, ~했었다)의 과거형 개념으로 해석한다고 보면 된다.

* 주어가 ~하는 것처럼 보인다.
  • 주어 seem to ~
  = It seems that 주어 동사 (주절의 동사 seem과 같은 시제의 동사)

그가 일요일마다 그녀를 만나는 것처럼 보인다.
He seems to meet her every Sunday.
= It seems that he meets her every Sunday.

그가 일요일마다 그녀를 만나는 것처럼 보였다.
He seemed to meet her on Sundays.
= It seemed that he met her on Sundays.

* 주어가 ~한다고 말해지다.
  • 주어 is said to~
  = It is said that 주어 동사

• He was said to be kind to everyone he meets.
= It was said that he was kind to everyone he meets.
  ; 그는 그가 만나는 모든 사람에게 친절하다고 말해지고 있었다.

☞ 위의 문장들에서 주절의 시제가 과거이고, 종속절의 시제가 과거이면, 종속절의 과거형을 우리말로는 현재형으로 해석해야 하는 원칙을 잊지 않도록 하는 것이 아주 중요하다.

* 주어가 ~했던 것처럼 보인다.
  • 주어 seem to have ~ed
  = It seems that 주어 동사 (주절의 동사 seem보다 한 시제 앞선 시제의 동사)

그가 지난 일요일에 그녀를 만났던 것처럼 보인다.
He seems to have met her last Sunday.
= It seems that he met her last Sunday.

그 아이들이 그 유리창을 깬 것처럼 보였다.
The children seemed to have broken the window.
= It seemed that the children had broken the window.

10. 복문(주절과 종속절이 있는 문장)을 (to ~)를 이용하여 단문(종속절이 없는 문장)으로 바꿔 쓰기의 중요한 예들.

* 주어가 ~할 것 같다
  It is likely that 주어 will ~
  = 주어 is likely to ~

• It is likely that she will help us.
  = She is likely to help us.

* 주어가 ~한다고 말해 진다
  It is said that 주어 동사 (주절과 같은 시제의 동사)
  = 주어 is said to ~

• It was said that the earth was flat.
  = The earth was said to be flat.
    지구가 평평하다고 말해졌었다.

> * 주어가 ~했다고 말해 진다
>   **It is said that** 주어 동사 (주절보다 앞선 시제의 동사)
>   = 주어 **is said to have** ~ed

- It is said that the accident broke out at the crosswalk.
  = The accident is said to have broken out at the crosswalk.
    그 사고는 횡단보도에서 일어났다고 말해진다.

> * 주어가 우연히 ~한다.
>   **It happens that** 주어 동사
>   = 주어 **happen to** ~

- It happened that the war broke out.
  = The war happened to break out.
    그 전쟁은 우연히 일어났다.

> * 주어[Ⓐ]가 ~하는 것이 당연하다
>   **It is natural that** 주어[Ⓐ] **should** ~
>   = **It is natural for** Ⓐ **to** ~

- It is natural that young men should be in military service during a fixed period.
  = It is natural for young men to be in military service during a fixed period.
    젊은 남자들이 일정 기간 동안 군 복무를 하는 것은 당연하다.

11. 기타 (to ~)와 (~)을 구별해서 써야 하는 경우들

* ~하지 않을 수 없다;
= cannot but ~
= cannot help but ~
= have no choice but to ~
= cannot help ~ing

* ~하기만 한다;
= do nothing but ~

* ~할 만큼 어리석지 않다;
= know better than to ~

* Ⓑ(~)하느니 차라리 Ⓐ(~)하겠다
= would rather ~(Ⓐ) than ~(Ⓑ)
= would ~(Ⓐ) rather than ~(Ⓑ)

- We had no choice but to accept the majority decision.
  ; 우리는 대다수의 결정을 받아들이는 것 이외의 선택권이 없었다.

- She did nothing but smile without saying a word.
  ; 그녀는 아무말 없이 미소만 지었다.

- You should know better than lend him such a large amount of money.
  ; 너는 그렇게 큰 금액의 돈을 그에게 빌려줄 만큼 어리석어서는 안된다.

12. 동명사관련 필수 암기사항

(1)
* It is no good[use] ~ing   * ~하는 것은 소용이 없다
* It is no fun ~ing   * ~하는 것은 재미가 없다
* It is worth ~ing   * ~하는 것은 가치가 있다

(2)
* keep Ⓐ ~ing   * Ⓐ가 계속 ~하게 하다
* find Ⓐ ~ing   * Ⓐ가 ~하는 것을 알게 되다
* leave Ⓐ ~ing   * Ⓐ가 ~하도록 내버려두다
* imagine Ⓐ ~ing   * Ⓐ가 ~하는 것을 상상하다
* have Ⓐ ~ing   * Ⓐ가 ~하도록 조치하다
* see [hear; feel] Ⓐ ~ing   * Ⓐ가 ~하는 것을 보다[듣다; 느끼다]
* catch Ⓐ ~ing   * Ⓐ가 ~하는 것을 포착하다

(3) 동명사만을 목적어로 쓰는 동사
* enjoy ~ing   * ~하는 것을 즐기다
* give up[=abandon] ~ing   * ~하는 것을 포기하다
* finish ~ing   * ~하는 것을 끝마치다
* admit ~ing [= admit having ~ed] * ~한 것을 인정하다
* mind ~ing   * ~하는 것을 꺼리다
* avoid ~ing   * ~하는 것을 피하다
* deny ~ing   * ~하는 것을 부인하다
* practice ~ing   * ~하는 것을 연습하다
* postpone[=put off] ~ing   * ~하는 것을 연기하다[뒤로 미루다]
* forgive ~ing   * ~하는 것을 용서하다
* can't help ~ing   * ~하지 않을 수 없다
* consider ~ing   * ~하는 것을 고려하다
* keep ~ing   * 계속 ~하다
* stop[= quit] ~ing   * ~하는 것을 그만두다
* suggest ~ing   * ~하는 것을 제안하다

(4) to 부정사와 동명사를 목적어로
    쓸 때 의미가 같은 경우
* like [love] to ~ / ~ing   * ~하는 것을 좋아하다
* prefer to ~ / ~ing   * ~하는 것을 더 좋아하다
* hate to ~ / ~ing   * ~하는 것을 싫어하다
* start [begin] to ~ / ~ing   * ~하는 것을 시작하다
* intend to ~ / ~ing   * ~하는 것을 의도하다
* neglect to ~ / ~ing   * ~하는 것을 소홀이 하다
* attempt to ~ / ~ing   * ~하는 것을 시도하다
* continue to ~ / ~ing   * ~하는 것을 계속하다

(5) to 부정사와 동명사를 목적어로
    쓸 때 의미가 달라지는 경우
* forget to ~   * ~해야 할 것을 잊다
* forget ~ing [=forget having ~ed] * ~한 것을 잊다
* remember to ~   * ~해야 할 것을 기억하다
* remember ~ing   * ~한 것을 기억하다
  [= remember having ~ed]
* try to ~   * ~하려고 애쓰다
* try   ~ing   * 시험 삼아 ~해보다
* mean to ~   * ~할 의도이다 (= intend to ~)
* mean ~ing   * ~하는 것을 의미하다
* regret to ~   * ~하게 되어 안타깝다
* regret ~ing [=regret having ~ed] * ~한 것을 후회하다

(6) 전치사 뒤에는 항상 ~ing (동명사)만을 써야 한다.

* by ~ing   * ~하는 것에 의해
* without ~ing   * ~하는 것 없이
* in ~ing   * ~하는데 있어서 ; ~할 때에
* on ~ing   * ~하자마자 ; ~할 때에
* instead of ~ing   * ~하는 것 대신에
* before ~ing   * ~하기 전에
* feel like ~ing   * ~하고 싶은 기분이다
* prevent Ⓐ from ~ing   * Ⓐ가 ~하지 못하게 하다
* be capable of ~ing   * ~할 능력이 있다

(7) to부정사의 to가 아닌 전치사 to 뒤에는 동사원형이 아니라 ~ing형을 써야하는 것을 특히 조심해야 한다.

* look forward to ~ing   * ~하기를 고대하다
* with a view to ~ing   * ~할 목적으로; ~하기 위하여

* be used to ~ing   * ~하는 데에 익숙하다
 = be accustomed to ~(ing)
* object to ~ing   * ~하는 것에 반대하다
 = be opposed to ~ing

* prefer ~ing to ~ing   * Ⓑ하기보다 Ⓐ하기를 더 좋아하다
   Ⓐ   Ⓑ
* What do you say to ~ing ...?   * ~하는 것이 어떠냐?

(8) 동명사가 쓰이는 관용적인 표현들

* never ~ ... without ~ing　　　　* Ⓐ할 때마다　Ⓑ한다
　　　Ⓐ　　　　　　Ⓑ

* It is no use ~ing　　　　　　　* ~하는 것은 소용이 없다
* There is no ~ing　　　　　　　* ~하는 것은 불가능하다
* It goes without saying that .....　* that이하는 말할 필요도 없다
* make a point of ~ing　　　　　* ~하는 것을 중요시하다
* be on the point of ~ing　　　　* 막 ~하려는 참이다
* come near ~ing　　　　　　　* 하마터면 ~할 뻔하다
* be far from ~ing　　　　　　　* 결코 ~하지 않는다
* of one's own ~ing　　　　　　* 자신이 ~한
* 주어 is worth ~ing　　　　　　* 주어를 ~할 가치가 있다
* be busy ~ing　　　　　　　　* ~하느라 바쁘다
* lose no time ~ing　　　　　　* 지체 없이 ~하다
* cannot help ~ing　　　　　　* ~하지 않을 수 없다
* have trouble[a hard time] ~ing　* ~하느라 애를 먹다
* prevent [keep/ stop]　　　　　* Ⓐ가 ~하지 못하게 하다
　Ⓐ from ~ing

- He never comes to me without bringing some present.
  ; 그는 나에게 올 때마다 약간의 선물을 가져온다.
- There is no telling when it will be completed.
  ; 그것이 언제 완성될지를 말하는 것은 불가능하다.
- It goes without saying that honesty is the key to success in business.
  ; 정직이 사업 성공에 대한 핵심이라는 것은 말할 필요도 없다.
- His son had trouble making new friends when young.
  ; 그의 아들은 어릴 때에 새 친구를 사귀는 데에 어려움을 겪었다.

13. 현재분사(~ing)와 과거분사(~ed)의 용법 :

※ 현재분사(~ing)는 (~하는 중인; ~하면서)라는 능동의 의미를 지닌 형용사 또는 부사 역할, 과거분사(~ed)는 (~되어진; ~된 채로)라는 수동의 의미를 지닌 형용사 또는 부사 역할을 하는 것이 가장 기본적인 용법이라고 할 수 있다.

(1) 명사 앞 또는 뒤에서 그 명사를 직접 꾸며주는 형용사 역할을 하는 현재분사와 과거분사

* Look at the sleeping baby.
 (분사가 단독으로 명사를 꾸며줄 때는 대개 명사 앞에 쓰인다)
 ; 자고 있는 아기를 보아라.

* We find some passengers sleeping in a train in spring.
 (분사에 딸린 말이 있을 경우에는 명사 뒤에서 그 명사를 꾸며주어야 한다.)
 ; 우리는 봄에 차안에서 자고 있는 몇몇 승객들을 본다.

* Spoken language and written language are two aspects of language.
 ; 구어체 언어와 문어체 언어는 언어의 두 가지 측면이다.

* Do you know the language spoken by the natives in the island?
 ; 너는 그 섬에 사는 원주민들에 의해 말해지는 그 언어를 아느냐?

☛ (~ing 명사)중에는 (~하고 있는 무엇)이 아니라 (~하는 데에 쓰는 무엇)의 뜻이 되는 것이 있는 것을 조심!!

* a sleeping bag : 침낭
  (= a bag for sleeping)
* a walking stick : 지팡이
* a smoking room : 흡연실
* a defending weapon : 방어용 무기
* a English-learning machine : 영어 학습기
  (= a machine for learning English)
* a money-making means : 돈 버는 방법

☛ 명사 뒤에서 그 명사를 꾸며주는 분사 앞에는 (관계대명사주격 +be동사)가 생략되어 있다고 볼 수 있다.

* The girls chatting in the classroom were twins.
  = The girls who were chatting in the classroom were twins.
  ; 교실에서 잡담하고 있는 그 소녀들은 쌍둥이였다.

* The little house covered with snow over there is my cat's house.
  = The little house which is covered with snow over there is my cat's house.
  ; 저기에 눈에 덮여 있는 작은 집은 내 고양이의 집이다.

> ☞ **감정을 자극하는 동사의 ~ing형은 (감정을 자극하는 형용사)로서, 주로 사물에 적용되고, ~ed형은 (감정을 나타내는 형용사)로서, 주로 사람에게 적용된다.**

- surprise : 놀라게하다
* surprising : 놀라게 하는, 놀라운
* surprised : 놀란

- bore : 지루하게 하다
* boring : 지루하게 하는, 지루한
* bored : 지루해 하는, 지루한

- confuse : 혼동시키다
* confusing : 혼란스럽게 하는
* confused : 혼란스러워 하는

- depress : 우울하게 하다
* depressing : 우울하게 하는, 우울한
* depressed : 우울해 하는, 우울한

* disappointing : 실망스러운
* disappointed : 실망한

* embarrassing : 당황하게 하는
* embarrassed : 당황스러워 하는

* exciting : 흥미진진한
* excited : 흥분한

* fascinating : 매혹적인
* fascinated : 매료된

* frightening : 겁주는
* frightened : 겁먹은

* impressing = touching 감동적인
* impressed = touched 감동받은

* The movie we saw last night was too boring.
  ; 우리가 어제 밤에 본 그 영화는 너무 지루했다.
* We were too bored with the movie.
  ; 우리는 그 영화가 너무 지루했다.

* The singer's costume was shocking.
  ; 그 가수의 의상은 충격적이었다.
* The manager is sure to be satisfied with my report.
  ; 매니저는 나의 보고서에 만족할 것이 확실하다.

(2) 보어로 쓰이는 현재분사와 과거분사

[1] 주격보어로 쓰인 분사가 있는 문장

* go ~ing ; ~하러 가다
* keep ~ing ; 계속 ~하다
* be busy ~ing ; ~하느라 바쁘다
* spend (시간) ~ing ; ~하느라 시간을 쓰다
* have a hard time ~ing ; ~하느라 고생하다
* sit ~ing/ ~ed ; ~하면서/~된 채로 앉다

* He kept walking in the same direction without saying anything.
  ; 그는 아무 말도 하지 않고, 같은 방향으로 계속 걸었다.

* He has a hard time supporting his family.
  ; 그는 가족을 부양하느라고 고생한다.

* The teacher sat surrounded by his students.
; 선생님은 학생들에게 둘러싸여 앉았다.

* The door has remained locked for a long time since he left the house.
; 그 문은 그가 집을 떠난 후로 오래 동안 잠긴 채로 있다.

[2] 목적격보어로 쓰인 분사가 있는 문장

* <u>keep Ⓐ ~ing</u> : Ⓐ가 계속 ~하게 하다
* <u>keep Ⓐ ~ed</u> : Ⓐ가 ~된 상태를 유지하다
* <u>find Ⓐ ~ing</u> : Ⓐ가 ~하는 것을 알게 되다
* <u>find Ⓐ ~ed</u> : Ⓐ가 ~된 것을 알게 되다
* <u>see/hear/feel Ⓐ ~ing</u> :
  Ⓐ가 ~하는 것을 보다/듣다/느끼다
* <u>see/hear/feel Ⓐ ~ed</u> :
  Ⓐ가 ~된 것을 보다/듣다/느끼다

* <u>have Ⓐ ~ed = get Ⓐ ~ed</u>:
  Ⓐ가 ~되도록 시키다
  Ⓐ가 ~되는 것을 당하다(겪다)

* I'm sorry to have kept you waiting so long, but please come in.
; 당신을 아주 오래 동안 기다리게 한 것이 죄송합니다. 들어오세요.

* I saw the guy snatching the handbag and running away into the crowd.
; 나는 그 남자가 핸드백을 낚아채서 군중 속으로 도망치는 것을 보았다.

* I felt myself watched in the dark.
 ; 나는 내가 어둠 속에서 감시되는 것을 느꼈다.

* I had my car repaired by him.
  (= I had him repair my car.)
 ; 나는 그에 의해 내 차가 수리되도록 했다.
  (= 나는 그가 내 차를 수리하게 했다.)

* I had my car stolen last night.
 ; 나는 어제 밤에 내 차를 도난당했다.

(3) 독립 분사 구문

- Strictly speaking (엄격히 말하자면);
- Generally speaking (일반적으로 말해서);
- Taking all things into consideration (모든 것을 고려한다면);
- Judging from Ⓐ (Ⓐ로 판단해 볼 때);
- Considering Ⓐ (Ⓐ를 고려한다면);

- Strictly speaking, whales aren't really fish, even if many people think they are.
 ; 엄격히 말해서, 고래는 실제로 물고기가 아니다. 비록 많은 사람들이 그렇게 생각하고 있지만.
- Judging from his uneasy look, he must have the source of trouble in mind.
 ; 그의 불안한 안색으로 판단할 때, 그는 마음 속에 고민거리를 가지고 있는 것이 틀림없다.

제8장

영문에서 가장 중요한 (동사 ...)에 대한 중요한 암기 사항들

1. be동사가 쓰이는 문장

(1) be 명사 ; 무엇이다
(2) be 형용사 ; 어떠하다
(3) be (장소) ; (어디에) 있다

> ※ (동사 명사)인지 (동사 전치사 명사)의 형태인지가 결정되면, 그 뒤에는 대부분이 (전치사 명사)가 연결되는 것이 (동사 ......)의 구조인 것이다.

> ### 2. (동사 명사)구조 즉, (동사 Ⓐ)의 구조로 (Ⓐ를 ~한다)라는 의미이다. 단어의 뜻만 알면 크게 신경 쓸 필요가 없는 경우지만, 영어 문장의 대부분을 차지하는 것들이다.

* 그를 만나다 ; meet him
* 책을 읽다 ; read the book
* 집을 짓다 ; build a house
* 편지를 받다 ; receive a letter
* 환경을 보호하다 ; protect the environment
* 자신의 의견을 바꾸다 ; shift one's opinion
* 자신을 꾸짖다(자책하다) ; scold oneself

* 그의 연장을 나무라다 ; blame his tools
* 너의 성공을 보증하다 ; insure your success
* 그녀의 가족을 부양하다; support her family
* 물건을 인식하다 ; perceive an object ....

3. (동사 명사)의 구조로 어렵지 않은데 (동사와 목적어)관계를 외워 두어야만 하는 경우

* 약을 먹다 ; take medicine
* 5년이 걸린다 ; take five years
* 버스를[지하철을] 타다 ; take a bus[the subway]
* 자전거를[말을] 타다 ; ride a bike[a horse]
* 홍수를 당하다 ; have floods
* 불이 붙다 ; catch fire = take fire
* 감기에 걸리다 ; catch a cold
* 불을 피우다 , build a fire
* 결정을 하다 ; make a decision
* 선택을 하다 ; make a choice
* 영향을 끼치다 ; have an effect
* 어려움을 겪다 ; have difficulty
* 아침을 먹다 ; have breakfast
* 실수하다 ; make a mistake
* 잘해내다 ; break a leg
* 분위기를 바꾸다 ; break the ice ....

4. (동사 전치사 명사)구조인데, 전치사의 기본적인 뜻을 알면, (전치사 명사)의 뜻을 해석하는 데에 크게 신경 쓸 필요가 없는 경우들

* 창가에 앉다 ; sit at the window
* 내 옆에 서다 ; stand beside me
* 석유회사에 근무하다; work for an oil company
* 경매로 팔다 ; sell by auction
* 버스로 가다 ; go by bus
* 걸어서 가다 ; go on foot
* 그보다 4센티만큼 더 큰 ; taller than he by four centimeters
* 사업에 대해 말하다 ; talk about business

* 정글을 통해서 걷다; walk through the jungle
* 그 계획에 반대하다 ; be against the plan
* 도주 중이다 ; be on the run
* 석양을 배경으로 서다; stand against the setting sun
* 기차로 부산에 가다 ; go to Busan by train
* 마을에 삼 일간 머무르다 ; stay at the village for three days
* 매표소에서 줄 서서 기다리다; wait in line at the ticket office
* 그것의 영화를 통해 아시아를 바라보다 ; look at Asia through its movies

5. (동사 전치사 명사)구조 같은데 (동사 명사)인 경우로 기초과정에서 아주 중요하게 시험에 내는 것들 즉, 동사 뒤에 전치사를 쓸 것 같은데 쓰지 않는 경우 (흔히 자동사 같은데 타동사인 경우라 한다.)

* 방에 들어가다 ; enter the room
* 그 상황에 대해 토의하다 ; discuss the situation
* 청중에게 연설하다 ; address the audience
* 질문에 답하다 ; answer the question
* 회의에 참석하다 ; attend the meeting
* 그 남자에게 접근하다 ; approach the man
* 목적지에 도착하다 ; reach the destination
* 백만장자와 결혼하다 ; marry a millionaire

* 그의 지시에 복종하다 ; obey his order
* 전쟁에서 살아남다 ; survive the war
* 그의 부인보다 오래 살다 ; survive his wife
* 그녀의 엄마와 닮다 ; resemble her mother
* 그녀에게 어울리다 ; become[= suit] her

6. (동사 명사)구조 같은데 (동사 전치사 명사)인 경우 즉, 동사 뒤에 전치사를 쓰지 않을 것 같은데 써야 하는 경우 (흔히 타동사 같은데 자동사인 경우라 한다.)

* 너의 성공을 희망하다 ; hope for your success
* 그녀를 기다리다 ; wait for her
* 하늘을 쳐다보다 ; look up at the sky
* 나의 제안을 거절하다 ; object to my proposal
* 그 신문을 정기구독하다 ; subscribe to the newspaper
* 라디오를 경청하다 ; listen to the radio
* 아기를 돌보다 ; care for the baby
* 그의 어머니를 닮다 ; take after his mother
* 걱정스러운 표정을 띠다 ; take on a worried expression

7. (동사 명사 전치사 명사)에서 (전치사 명사)가 앞에 있는 명사를 꾸며주는 형용사구인 경우에는, 우리말로 해석할 때, 조사[토씨]에 특히 조심해야 한다.

* make a list of things ; 물건들의 목록을 만들다
* remove mud on his shoes ; 그의 신발에 묻은 흙을 제거하다
* resemble a man from years ago ; 몇 년 전의 누군가를 닮다
* realize the problem of unemployment ; 실업에 대한 문제를 인식하다
* look at the river through the jungle ; 정글을 통해 흐르는 강을 바라보다
* know the trouble with this job ; 이 일에 관련된 문제점을 알다
* It's like the scene right out of a movie. ; 그것은 바로 영화에 나오는 장면 같다.

※ 형용사구로 쓰이는 (전치사 명사)중에 흔히 나오는데 아이들이 어려워하는 (of 명사)에 대한 것을 잠깐 정리해 본다.

① Ⓐ of Ⓑ ; Ⓑ의 Ⓐ라고 해석될 수 있는 것으로 그 의미를 거의 따로 언급할 필요가 없는 구조

※ 조심할 것은 우리나라 사람들은 (ofⒶ)를 아무 때나 (Ⓐ의)라고 해석해서 틀린다는 것이다.

② Ⓐ of Ⓑ ; Ⓑ에 대한[관한] Ⓐ라고 해석할 수 있으며, 어찌 보면 가장 일반적인 뜻이라 할 수 있는 구조
(예) the problem of unemployment ; 실업에 대한 문제
the villagers' fear of an earthquake ; 지진에 대한 그 주민들의 공포

③ Ⓐ of Ⓑ ; Ⓑ 중의 Ⓐ라고 해석할 수 있고, 학생들이 알아보는 데에 무리가 없는 구조, 그런데 many of the factors (그 요소들 중에 많은 것들), much of his presentation (그의 설명 중의 많은 부분) 같은 것을 잘 모르는 경우가 있는 것을 확인해야 한다.

④ Ⓐ of Ⓑ ; Ⓑ로 이루어진 Ⓐ 라는 뜻으로 해석에 애를 먹는 경우가 있을 수 있다.
(예) the team of girls ; 소녀들로 이루어진 팀
the house of brick ; 벽돌(로 지어진) 집

⑤ Ⓐ of Ⓑ ; Ⓑ를 Ⓐ하는 것이라는 의미로 학생들이 아주 애먹는 개념!!
  (예) the discovery of the rules ; 그 규칙들을 발견한 것 (그 규칙들의 발견)
      the explanation of the situation ; 그 상황을 설명하는 것
                                  (그 상황에 대한 설명)
      an offer of a job ; 일자리를 제공하는 것 (일자리의 제공)

⑥ Ⓐ of Ⓑ ; Ⓑ라는 Ⓐ 라는 뜻으로 학생들이 해석에 애를 먹고, 흔히 (명사 of ~ing) 의 형태로 나와 (~하는 무엇)으로 해석되는 것도 같은 개념일 수 있다.
  (예) the city of Seoul ; 서울 시
      a price increase of 15 percent ; 15퍼센트라는 가격 상승
      the habit of getting up early ; 일찍 일어나는 습관
      the fact of my having witnessed the accident
      ; 내가 그 사고를 목격했다는 사실

⑦ Ⓐ of Ⓑ ; Ⓑ를 가진 Ⓐ라는 뜻으로 아주 많이 나오면서도 아이들이 해석 못 하는 경우가 많은 구조
  (예) a machine of much use ; 많은 용도를 가진 기계
        (아주 쓸모 있는 기계)
      a man of wisdom ; 지혜로운 사람
      a matter of no importance ; 중요하지 않은 문제
      the earth of the shape of an orange ; 오렌지 모양의 지구

8. (일반동사 형용사)구조로 암기해두어야 할 것들

* look 형용사 ; 어떠하게 보이다
* sound 형 ; 어떠하게 들리다[여겨지다]
* remain 형 = stay 형 = keep 형
  ; 어떤 상태를 유지하다
* get 형 = grow 형 = become 형 ; 어떠해지다
* seem 형 = appear 형
  ; 어떠한 것처럼 보이다
* taste [feel, smell] 형
  ; 어떠한 맛이 나다[느낌이 들다, 냄새가 나다]
* go bad ; 썩다
* go mad ; 미치다, 화내다
* fall asleep ; 잠이 들다
* fall ill ; 병이 들다
* turn sour ; 시큼해지다
* turn pale ; 창백해지다

9. (동사 명사 형용사)구조로 암기해두어야 할 것들

* find Ⓐ 형 ; Ⓐ가 어떠하다는 것을 알게 되다
* make Ⓐ 형 ; Ⓐ를 어떠하게 만들다
* keep Ⓐ 형 ; Ⓐ를 어떤 상태로 유지하다
* think Ⓐ 형 ; Ⓐ가 어떠하다고 생각하다
* leave Ⓐ 형 ; Ⓐ를 어떤 상태로 남겨두다

10. (동사 전치사 명사)구조로 필수 암기사항

* account for Ⓐ ; Ⓐ를 설명하다
* add to Ⓐ ; Ⓐ를 증가시키다
* apply for Ⓐ ; Ⓐ에 지원하다
* bring about Ⓐ ; Ⓐ를 일으키다
* catch up with Ⓐ ; Ⓐ를 따라잡다
* consist of Ⓐ ; Ⓐ로 구성되어있다
* come up with Ⓐ ; Ⓐ를 생각해내다
* cope with Ⓐ ; Ⓐ에 대처하다
* count on Ⓐ = depend upon Ⓐ ; Ⓐ에 의존하다
* deal with Ⓐ ; Ⓐ를 다루다

* dispense with Ⓐ = do without Ⓐ ; Ⓐ없이 지내다
* do away with Ⓐ ; Ⓐ를 제거하다
* get along with Ⓐ ; Ⓐ와 사이좋게 지내다
* keep up with Ⓐ ; Ⓐ와 보조를 맞추다/ Ⓐ에 뒤떨어지지 않다
* lead to Ⓐ ; Ⓐ를 초래하다
* look down on Ⓐ ; Ⓐ를 멸시하다
* look forward to Ⓐ ; Ⓐ를 고대하다
* make much of Ⓐ ; Ⓐ를 중시하다
* put up with Ⓐ ; Ⓐ를 참아내다
* result from Ⓐ ; Ⓐ에서 초래되다
* result in Ⓐ ; Ⓐ를 초래하다
* run out of Ⓐ ; Ⓐ가 다 떨어지다

* stand for Ⓐ ; (1) Ⓐ를 나타내다   (2) Ⓐ를 편들다
* strive for Ⓐ ; Ⓐ를 얻으려고 애쓰다
* sympathize with Ⓐ ; Ⓐ를 동정하다
* succeed to Ⓐ ; Ⓐ를 계승하다
* think highly of Ⓐ ; Ⓐ를 높이 평가하다
* wait on Ⓐ ; Ⓐ에게 시중들다 ....

11. (동사 명사 전치사 명사)구조로 필수 암기사항

* get rid of Ⓐ ; Ⓐ를 제거하다
* give rise to Ⓐ; Ⓐ를 생기게 하다
* take account of Ⓐ ; Ⓐ를 고려하다
* take advantage of Ⓐ ; Ⓐ를 이용하다
* take charge of Ⓐ ; Ⓐ를 떠맡다
* take pride in Ⓐ ; Ⓐ를 자랑하다

* think nothing of Ⓐ ; Ⓐ를 아무렇지 않게 생각하다
* catch sight of Ⓐ ; Ⓐ를 포착하다
* find fault with Ⓐ ; Ⓐ의 흠을 잡다
* get the better of Ⓐ ; Ⓐ를 패배시키다
* have an idea of Ⓐ ; Ⓐ를 알고 있다
* keep company with Ⓐ ; Ⓐ와 사귀다
* lose sight of Ⓐ ; Ⓐ를 시야에서 놓치다
* lose oneself in Ⓐ ; Ⓐ에 몰두하다
* devote Ⓐ to Ⓑ ; Ⓐ를 Ⓑ에게 바치다

* distinguish Ⓐ from Ⓑ ; Ⓐ를 Ⓑ와 구별하다
* provide Ⓐ with Ⓑ ; Ⓐ에게 Ⓑ를 공급하다
* inform Ⓐ of Ⓑ ; Ⓐ에게 Ⓑ를 통보해주다
* look to Ⓐ for Ⓑ ; Ⓐ에게 Ⓑ에 대해 의존하다
* mistake Ⓐ for Ⓑ ; Ⓐ를 Ⓑ로 착각하다

12. (be 형용사 전치사 명사)구조로 필수 암기사항

* be absorbed in Ⓐ ; Ⓐ에 몰두하다
* be accustomed to Ⓐ = be used to Ⓐ ; Ⓐ에 익숙하다
* be anxious about Ⓐ = be concerned about Ⓐ ; Ⓐ에 대해 걱정하다
* be based on Ⓐ ; Ⓐ에 기반을 두다
* be composed of Ⓐ ; Ⓐ로 구성되다
* be dependent upon Ⓐ ; Ⓐ에 의존하다
* be eager for Ⓐ ; Ⓐ를 갈망하다
* be free from Ⓐ ; Ⓐ가 없다
* be informed of Ⓐ ; Ⓐ를 통보받다
* be poor at Ⓐ ; Ⓐ에 서투르다
* be ready for Ⓐ ; Ⓐ에 대해 준비가 되다
* be robbed of Ⓐ ; Ⓐ를 강탈당하다
* be reminded of Ⓐ ; Ⓐ를 상기하게 되다
* be tired with Ⓐ ; Ⓐ때문에 지치다
* be tired of Ⓐ = be sick of Ⓐ ; Ⓐ에 싫증나다
* be true of Ⓐ ; Ⓐ에게 적용되다
* be short of Ⓐ ; Ⓐ가 부족하다

제9장

(부정관사; 정관사)의 기본적인 사용법

1. 부정관사[a, an]의 사용법

- 부정관사는 영문에서 <u>처음 언급되는, 정해져 있지 않은, 셀 수 있는 명사의 단수형 앞에 붙여야 한다.</u> 발음이 모음으로 시작하는 명사 앞에는 an 을 붙인다.
- 그러므로 부정관사를 붙일 수 없는 명사는 다음과 같다.
  ① 문장 중에 다시 언급되는 명사
  ② 이미 정해져있는 서로 알고 있는 명사
  ③ 셀 수 없는 명사[물질명사, 추상명사, 고유명사]
  ④ 복수형 명사

※ 다음 (　　)안에 부정관사 (a, an) 을 넣고, 쓸 수 없는 곳엔 ×표하세요.

(a) desk; (an) egg; (a) pineapple; (an) apple; (x) milk; (x) water; (x) beauty; (x) happiness; (x) Mary; (x) Mr. Kim; (a) calendar; (a) woman; (a) university; (an) umbrella; (a) yacht; (x) love; (x) fire; (a) wolf; (a) young man; (x) soap; (x) paper; (x) chalk; (x) bread; (a) table; (a) pencil; (a) unit; (x) books; (a) mouse; (x) mice; (x) success; (x) failure; (an) old boy; (x) glass

> ** 셀 수 없는 명사인 물질명사나 추상명사에 부정관사를 붙이면 구체적이며 개체적인 보통명사가 되고, 고유명사에 부정관사를 붙이면 셀 수 있는 명사가 되어 그 의미가 바뀐다.

※ 다음 각 문장을 밑줄 친 부분에 유의하며 해석하세요.

1. Fire is dangerous as well as useful.
  ; 불은 유용할 뿐만 아니라, 위험하기도 하다.

2. There broke out a big fire a few doors from my house last night.
  ; 어제 밤에 우리 집에서 몇 집 떨어진 곳에서 큰 불[화재사건]이 났었다.

3. Everyone wants to achieve success in business.
  ; 모든 사람이 사업에서 성공을 성취하기를 원한다.

4. His new book was a great success.
  ; 그의 새로운 책은 대단한 성공작이었다.

5. Beauty is only skin-deep.
  ; 미는 단지 겉보기일 뿐이다.

6. She was a beauty when young.
  ; 그녀는 젊었을 적에 미인이었다.

7. Glass is useful material of all kinds of products.
  ; 유리는 모든 종류의 생산품에 대한 유용한 물질이다.

8. He has broken many glasses.
  ; 그는 많은 유리잔을 깨뜨렸다.

9. A Mr. Kim came to see you thirty minutes ago.
  ; Kim씨라는 사람이 삼십분 전에 너를 찾아 왔었다.

10. There are three Mr. Kims in our school.
   ; 우리 학교에는 세 명의 Kim이라는 사람들이 있다.
11. He studies hard to be an Edison.
   ; 그는 에디슨처럼 위대한 과학자가 되기 위해 열심히 공부한다.
12. The museum has three Picassos.
   ; 그 박물관은 석 점의 Picasso 작품을 소장하고 있다.

2. 정관사의 기본적인 용법은 정해져 있는 명사 앞에 붙이는 것이다.

∗∗ 여기에서 정해져 있는 명사란 ①앞에 나온 명사를 반복할 때 ②수식어 구로 한정될 때 ③전후 상황으로 보아 누구나 알고 있는 명사일 때 ④ 세상에 있는 유일한 명사일 때 등이다.

1. She has a dog. She plays with the dog at any moment of leisure.
   ; 그녀는 개 한 마리를 가지고 있다. 그녀는 틈 날 때마다 그 개와 함께 논다.
2. A principal is the head of a school. The principal of my school is Mr. Brown.
   ; 교장선생님이란 학교의 우두머리이다. 우리 학교의 교장선생님은 Brown 선생님이다.
3. Open the door, please.
   ; 문을 열어주세요.
4. The moon is the satellite of the earth.
   ; 달은 지구의 위성이다.

3. 관사가 사용되는 중요한 용법들

1. Birds of a feather flock together.
   ; 같은 깃털을 가진 새들은 함께 모인다. [끼리끼리 사귄다.]

2. They are of an age.
   ; 그들은 같은 나이이다.

3. Take this medicine three times a day.
   ; 이 약을 하루에 세 번 복용하세요.

4. He writes to her twice a month.
   ; 그는 한 달에 두 번 그녀에게 편지를 쓴다.

5. He is the tallest boy in my class.
   ; 그가 우리 반에서 가장 키가 큰 소년이다.

5. I hired the boat by the hour.
   ; 나는 그 배를 시간 단위로 빌렸다.

6. They are paid by the week.
   ; 그들은 주급으로 지불 받는다.

7. The young are to respect the old.
   ; 젊은이들은 나이든 분들을 존경해야 한다.

8. He caught me by the hand.
   ; 그는 내 손을 잡았다. [신체접촉동사 + 사람 + 전치사 + the + 신체부위]

9. The man looked her into the eye.
   ; 그 남자는 그녀의 눈을 바라보았다.

10. The Bakers loved to invite their friends to the garden party.
    ; Baker 부부는 가든 파티에 친구들을 초대하는 것을 좋아했다.

4. 조심해야 하는 관사의 위치

[1]. so [as; too; how; however] 형용사 a 명사
[2]. such [what] a 형용사 명사
[3]. all [both; double] the 명사

1. She is so pretty a woman.
   ; 그녀는 매우 아름다운 여자이다.
   [so 형용사 a 명사 ; 매우 어떠한 무엇]

2. She is as pretty a woman as any other one.
   ; 그녀는 다른 어느 사람만큼이나 그렇게 예쁜 여자이다.
   [as 형용사 a 명사 as any other 명사
   ; 다른 어느 무엇 못지않게 아주 어떠한 무엇]

3. This is too good a chance for me to lose.
   ; 이것은 내가 놓치기에는 너무나 좋은 기회이나.
   [too 형용사 a 명사 to ~ ; ~하기에는 너무나 어떠한 무엇]

4. How good a chance this is!
   ; 이것은 정말 좋은 기회이구나!
   [How 형용사 a 명사 주어 동사! ; 주어는 대단히 어떠한 무엇이구나!]

5. However rich a man he is, I can't love him.
   ; 그가 아무리 부자인 사람일지라도, 나는 그를 사랑할 수가 없다.
   [However 형용사 a 명사 주어 be동사; 주어가 아무리 어떠한 무엇일지라도]

6. Such a hard work cannot be done in so short a time.
; 그렇게 어려운 일은 그렇게 짧은 시간에 이루어질 수 없다.
[such a 형용사 명사 ; 그렇게 어떠한 무엇]

7. What a beautiful wife you have! I envy you.
당신은 대단히 아름다운 부인이 있군요! 나는 당신이 부럽다.
[What a 형용사 명사 주어 동사! ; 대단히 어떠한 무엇을 주어가 ~하는구나!]

8. I know all the people at the party.
; 나는 파티에 있는 모든 사람들을 안다.
[all the 명사 ; 모든 무엇]

9. I don't know both the brothers.
; 나는 그 형제 둘 다를 아는 것은 아니다.
[both the 명사 ; 무엇들 둘 다]

10. I paid double the price for it.
; 나는 그것에 대해 두 배의 값을 치렀다.
[double the 명사 ; 두 배의 무엇]

5. 기타 조심해야할 관사의 용법

1. The rich are not always happy.
   ; 부자들이 항상 행복한 것은 아니다.
   [the 형용사 ; 어떠한 사람들(것들)]

   The graceful is better than the beautiful.
   ; 우아함이 아름다움보다 더 좋다.
   [the 형용사 ; 어떠함]

2. Children will be noisy.
   ; 아이들은 시끄럽기 마련이다.
   [관사를 붙이지 않은 복수형은 종족 전체를 나타낸다.]

   The children should be taken great care of.
   ; 그 아이들은 잘 보살펴져야만 한다.

3. I know the poet and the novelist.
   ; 나는 그 시인과 그 소설가를 알고 있다.
   [두 명]

   The poet and novelist is well known to the people at the party.
   ; 그 시인이자 소설가는 파티에 온 사람들에게 잘 알려져 있다. [한 명]

4. 습관적으로 관사 없이 쓰는 표현 몇 가지

They are cousins, not brother and sister.
; 그들은 사촌간이다, 남매간이 아니고.
[밀접한 관계일 때, 관사 안 붙인다. ; husband and wife ; father and son .....]

They are now living from hand to mouth.
; 그들은 하루 벌어 하루 먹고 산다.

Waiter, bring me a cup of coffee, please.
; 웨이터, 커피 한 잔 부탁해요.
[호격(부르는 호칭)에 관사 안 붙인다.]

What time will father come back tonight?
; 오늘 밤 몇 시에 아버지가 돌아오시느냐?
[가족관계를 나타내는 말에 관사 안 붙인다.]

Washington was twice elected president of America.
; Washington 은 미국 대통령으로 두 번 선출되었다.
[신분을 나타내는 말이 보어로 쓰이는 경우에 관사 안 붙인다.]

(비교) The president of America seems to be president of the world.
; 미국 대통령은 세계의 대통령인 것처럼 보인다.

5. 명사자체를 나타내는 것이 아니라, 명사가 가지는 고유한 역할로 쓰이
   는 경우에는 관사를 붙이지 않는다.

* go to school[bed, prison, hospital…] ; at table[sea, church…]
수업 받으러 가다[잠자리에 들다, 수감되다, 입원하다…; 식사 중인[항해 중인, 예배 보는 중인 …..]

부록 I - 불규칙변화 동사의 3변화형(원형 - 과거 - 과거분사)

1. 일어나다; 생기다　　arise　arose　arisen
2. 떠오르다; 상승하다　　rise　rose　risen
3. 운전하다　　drive　drove　driven
4. 타고가다　　ride　rode　ridden
5. 글을 쓰다　　write　wrote　written
6. 성큼성큼 걷다　　stride　strode　stridden

7. 낳다; 견디다　　bear　bore　born
8. 찢다　　tear　tore　torn
8. 입다; 닳게 하다　　wear　wore　worn
9. 맹세하다　　swear　swore　sworn

10. 시작하다　　begin　began　begun
11. 마시다　　drink　drank　drunk
12. 종이 울리다　　ring　rang　rung
13. 움츠러들다　　shrink　shrank　shrunk
14. 노래하다　　sing　sang　sung
15. 가라앉다　　sink　sank　sunk
16. 튀어 오르다　　spring　sprang　sprung
17. 수영하다　　swim　swam　swum

18. 흔들다　　swing　swung　swung

19. 피 흘리다	bleed bled bled
20. 기어가다	creep crept crept
21. 먹이를 주다	feed fed fed
22. 느끼다	feel felt felt
23. 간직하다	keep kept kept
24. 무릎 꿇다	kneel knelt knelt
25. 인도하다	lead led led
26. 떠나다	leave left left
27. 의미하다	mean meant meant
28. 만나다	meet met met
29. 읽다	read read read
30. 자다	sleep slept slept
31. 쓸어내다	sweep swept swept
32. 울다	weep wept wept
33. 가져오다	bring brought brought
34. 사다	buy bought bought
35. 싸우다	fight fought fought
36. 추구하다	seek sought sought
37. 생각하다	think thought thought
38. 붙잡다	catch caught caught
37. 가르치다	teach taught taught
38. 구부리다	bend bent bent

39. 빌려주다	lend lent lent	
40. 보내다	send sent sent	
41. 소비하다	spend spent spent	
42. 바람이 불다	blow blew blown	
43. 자라다	grow grew grown	
44. 날아가다	fly flew flown	
45. 알고 있다	know knew known	
46. 그리다; 끌다	draw drew drawn	
47. 깨물다	bite bit bitten	
48. 숨기다	hide hid hidden	
49. 먹다	eat ate eaten	
50. 금지하다	forbid forbade forbidden	
51. 두드리다	beat beat beaten	
52. 내던지다	cast cast cast	
53. 자르다	cut cut cut	
54. 예보하다	forecast forecast forecast	
55. 때리다	hit hit hit	
56. 하게 하다	let let let	
57. 놓다; 두다	put put put	
58. 그만두다	quit quit quit	

59. 다시 설정하다	reset reset reset	
60. 차려놓다	set set set	
61. 떨어뜨리다	shed shed shed	
62. 닫다	shut shut shut	
63. 폭발하다	burst burst burst	
64. 비용이 들다	cost cost cost	
65. 다치게 하다	hurt hurt hurt	
66. 퍼지다	spread spread spread	

67. 보다, 바라보다	behold beheld beheld	
68. 쥐다, 잡다	hold held held	

69. 팔다	sell sold sold	
70. 말해주다	tell told told	
71. 예고하다	foretell foretold foretold	

72. 되다	become became become	
73. 오다	come came come	

74. 극복하다	overcome overcame overcome	
75. 달라붙다	cling clung clung	
76. 파내다	dig dug dug	
77. 달라붙다	stick stuck stuck	

78. 말하다	speak spoke spoken
79. 훔치다	steal stole stolen
80. 깨트리다	break broke broken
81. 얼어붙다	freeze froze frozen
82. 밟고 가다	tread trod trodden
83. 행하다	do did done
84. 보여주다	show showed shown
85. 씨뿌리다	sow sowed sown
86. 가져가다	take took taken
87. 착각하다	mistake mistook mistaken
88. 내던지다	throw threw thrown
89. 선택하다	choose chose chosen
90. 보다	see saw seen
91. 눕히다, 놓다	lay laid laid
92. 지불하다	pay paid paid
93. 말하다	say said said
94. 짓다	build built built
95. 떨어지다	fall fell fallen
96. 찾아내다	find found found
97. 잊다	forget forgot forgotten
98. 용서하다	forgive forgave forgiven
99. 주다	give gave given
100. 얻다	get got gotten

101. 가다	go went gone	
102. 매달다	hang hung hung	
103. 가지고 있다	have had had	
104. 듣다	hear heard heard	
105. 눕다, 놓여 있다	lie lay lain	
106. 잃어버리다	lose lost lost	
107. 만들다	make made made	
108. 뛰다	run ran run	
109. 흔들다	shake shook shaken	
110. 빛나다	shine shone shone	
111. 쏘다	shoot shot shot	
112. 앉다	sit sat sat	
113. 서다	stand stood stood	
114. 이해하다	understand understood understood	
115. 치다, 때리다	strike struck struck	
116. 이기다	win won won	
117. 묶다, 구속하다	bind bound bound	
118. 달라붙다, 매달리다	cling clung clung	
119. 짜다, 엮다	weave wove woven	
120. 겪다	undergo underwent undergone

부록 II – 필수 암기 속담(중·고등 필수)

1. A bad workman always blames his tools.
2. A barking dog seldom bites.
3. A bird in the hand is worth two in the bush.
4. A drowning man will catch at a straw.
5. A friend in need is a friend indeed.
6. A good beginning makes a good ending.
7. A good medicine tastes bitter.
8. A little is better than none.
9. A man is known by the company he keeps.
10. A rolling stone gathers no moss.
11. A stitch in time saves nine.
12. Accidents will happen.
13. All that glitters is not gold.
14. All is well that ends well.
15. All work and no play makes Jack a dull boy.

1. 서투른 목수가 항상 연장을 탓한다.
2. 빈 수레가 요란하다.
3. 손안에 있는 한 마리의 새가 숲 속에 있는 두 마리 새보다 낫다.
4. 물에 빠진 사람은 지푸라기라도 잡으려한다.
5. 어려울 때의 친구가 진짜 친구이다.
6. 시작이 좋으면 끝도 좋다.
7. 좋은 약은 입에 쓰다.
8. 조금이라도 있는 것이 없는 것보다 낫다
9. 사람은 사귀는 친구를 보면 알 수 있다.
10. 구르는 돌에는 이끼가 끼지 않는다.
11. 제 때의 한 바늘이 아홉 바늘을 줄여준다.
12. 사고는 일어나기 마련이다.
13. 반짝이는 모든 것이 금은 아니다.
14. 끝이 좋으면 만사가 좋다.
15. 공부만 하고 놀지 않으면 바보가 된다.

16. An early bird catches the worm.   16. 일찍 일어나는 새가 벌레를 잡는다.
17. An eye for an eye, and a tooth for a tooth.   17. 눈에는 눈, 이에는 이.
18. As a man sows, so he shall reap.   18. 뿌린대로 거둔다.
19. Bad news travels fast.   19. 나쁜 소식은 빨리 퍼진다.
20. Beauty is but skin deep.   20. 미모는 거죽 한 꺼풀.

21. Better late than never.   21. 하지 않는 것보다 늦게라도 하는 것이 낫다.
22. Birds of a feather flock together.   22. 끼리끼리 모인다.
23. Blood is thicker than water.   23. 피는 물보다 진하다.
24. Clothes make the man.   24. 옷이 날개다.
25. Credit is better than gold.   25. 신용이 돈 보다 낫다.

26. Do in Rome as the Romans do.   26. 로마에 가면 로마인의 풍습을 따르라.
27. Do to others as you would be done by.   27. 네가 대접받기를 바라는 만큼 다른 사람들에게 해라.
28. Easier said than done.   28. 행하는 것보다 말하기가 쉽다.
29. Easy come, easy go.   29. 쉽게 얻은 것은 쉽게 없어진다.
30. Every dog has his day.   30. 쥐구멍에도 볕들 날이 있다.

31. First come, first served.   31. 먼저 온 자가 먼저 대접 받는다.
32. Grasp all, lose all.   32. 욕심이 지나치면 다 잃는다.
33. Haste makes waste.   33. 서두르면 일을 그르친다.
34. Heaven helps those who help themselves.   34. 하늘은 스스로 돕는 자를 돕는다.
35. Honesty is the best policy.   35. 정직이 최선의 정책이다.

36. Hunger is the best sauce.	36. 시장이 반찬이다.
37. Ignorance is bliss.	37. 모르는 것이 약이다.
38. It's no use crying over spilt milk.	38. 엎지른 물은 주워 담을 수 없다.
39. It never rains but it pours.	39. 엎친 데 덮친 격
40. Let sleeping dogs lie.	40. 긁어 부스럼(자는 개를 그냥 두어라)
41. Like father, like son.	41. 부전자전
42. Look before you leap.	42. 일을 벌이기 전에 살펴보아라.
43. Make hay while the sun shines.	43. 기회를 놓치지 마라.
44. Many drops make a shower.	44. 티끌모아 태산
45. Money talks.	45. 돈이면 안 되는 일이 없다.
46. Never judge by appearances.	46. 겉모습으로 판단하지 마라.
47. Never put off till tomorrow what can be done today.	47. 오늘 할 수 있는 일을 내일로 미루지 마라.
48. No gains without pains.	48. 노력 없이는 얻는 것도 없다.
49. No news is good news.	49. 무소식이 희소식
50. One swallow doesn't make a summer.	50. 제비 한 마리가 왔다 해서 여름이 온 것은 아니다.
51. One man's meat is another man's poison.	51. 어떤 사람에게 득이 되는 것이 다른 사람에게 독이 될 수 있다.
52. Out of sight, out of mind.	52. 눈에서 멀어지면, 마음에서 멀어진다.
53. Practice makes perfect.	53. 연습이 완벽함을 만든다.
54. Rome was not built in a day.	54. 로마는 하루아침에 이루어진 것이 아니다.
55. Prevention is better than cure.	55. 예방이 치료보다 낫다.

56. Seeing is believing.
57. Slow and steady wins the race.
58. So many men, so many minds.
59. Spare the rod and spoil the child.
60. Speech is silver, but silence is gold.

61. The pot calls the kettle black.
62. There is no smoke without fire.
63. There is no rule without exception.
64. Too many cooks spoil the broth.
65. Two heads are better than one.

66. Walls have ears.
67. Waste not, want not.
68. Well begun is half done.
69. Where there is a will, there is a way.
70. You are never too old to learn.

56. 백문이 불여일견
57. 천천히 그리고 꾸준한 것이 이긴다.
58. 각양각색
59. 매를 아끼면, 아이를 망친다.
60. 웅변은 은, 그러나 침묵은 금이다.

61. 똥 묻은 개가 겨 묻은 개 나무란다.
62. 아니 땐 굴뚝에 연기나리.
63. 예외 없는 규칙은 없다.
64. 사공이 많으면 배가 산으로 간다.
65. 백지장도 맞들면 낫다.

66. 벽에도 귀가 있다.
67. 낭비하지 않으면, 부족함도 없다.
68. 시작이 반이다.
69. 뜻이 있는 곳에 길이 있다.
70. 아무리 나이 들어도 배울 수가 있다.

(고등부 필수 첨가)

71. A big fish in a little pond.
72. A journey of a thousand miles begins with a single step.
73. A leopard cannot change his spots.
74. A loaf of bread is better than the song of many birds.
75. After a storm comes a calm.

76. All roads lead to Rome.
77. By other's faults wise men correct their own.
78. Cut off your nose to spite your face.
79. Fools rush in where angels fear to tread.
80. Go in (at) one ear and out (at) the other.

81. Necessity is the mother of invention.
82. In unity there is strength.
83. Little pot is soon hot.
84. One cannot see the wood for the trees.
85. Roses have thorns.

71. 우물 안 개구리.
72. 천리 길도 한 걸음부터.
73. 세 살 버릇 여든 간다.
74. 금강산도 식후경.
75. 고생 끝에 낙이 온다. (고진감래)

76. 모든 길은 로마로 통한다.
77. 현명한 사람은 남의 결점을 보고 자신의 결점을 고친다. (타산지석)
78. 누워서 침 뱉기.
79. 하룻강아지 범 무서운 줄 모른다. (멍청이들은 천사들이 밟기를 겁내 는 곳에 뛰어 든다)
80. 한 귀로 듣고 한 귀로 흘린다. (마이동풍)

81. 궁하면 통한다.
82. 뭉치면 강해진다.
83. 작은 그릇이 쉽게 끓는다.
84. 나무 때문에 숲을 보지 못한다.
85. 장미는 가시를 가지고 있다.

86. Talk to the wind.
87. The proof of the pudding is in the eating.
88. You can't have your cake and eat it too.
89. Time heals all wounds.
90. You don't know what you've got until you've lost it.
91. A soft answer turns away wrath.
92. Near neighbor is better than a distant cousin.
93. We never meet without a parting.
94. As the twig is bent, so grows the tree.
95. Tread on a worm and it will turn.
96. What's learned in the cradle is carried to the grave.
97. Jack of all trades and master of none.
98. Every man for his own trade.
99. Two of a trade never agree.
100. You can lead a horse to water, but you cannot make him drink.

86. 소 귀에 경 읽기 – 마이동풍
87. 물은 건너봐야 알고, 사람은 겪어 봐야 안다.
88. 상반되는 두 가지를 동시에 할 수는 없다.
89. 세월이 약이다.
90. 잃어버리고 나서야 가치를 알게 된다.
91. 웃는 낯에 침 뱉으랴.
92. 먼 친척보다 이웃사촌이 낫다.
93. 헤어짐이 없는 만남은 없다. (회자정리)
94. 될 성 싶은 나무는 떡잎부터 알아본다.
95. 지렁이도 밟으면 꿈틀한다.
96. 세 살 버릇 여든 간다.
97. 만능은 무능이다.
98. 모든 사람은 장기가 있다.
99. 같은 장사를 하는 사람은 다투기 마련
100. 말을 물가로 데려갈 수는 있어도, 억지로 물을 먹일 수는 없다.

101. Don't count your chickens before they are hatched.
102. Every minute seems like a thousand.
103. Strike while the iron is hot.
104. Time and tide waits for no man.
105. Every cloud has a silver lining.

106. Building castles in the air.
107. Good beginning makes a bad ending.
108. Joy and sorrow are next-door neighbor.
109. Making a mountain out of a molehill.
110. Two dogs strive for a bone, and a third runs away with it.

101. 김치 국부터 마시지 마라.
102. 일각이 여삼추.
103. 쇠가 뜨거울 때 쳐라. (물실호기)
104. 세월은 사람을 기다려주지 않는다.
105. 괴로움 뒤에는 즐거움이 있다.

106. 사상누각 (공중누각) - 헛수고
107. 시작은 좋은데 끝이 안 좋다. (용두사미)
108. 즐거움과 괴로움은 이웃사촌 (새옹지마)
109. 하찮은 일을 크게 만들다. (침소봉대)
110. 어부지리